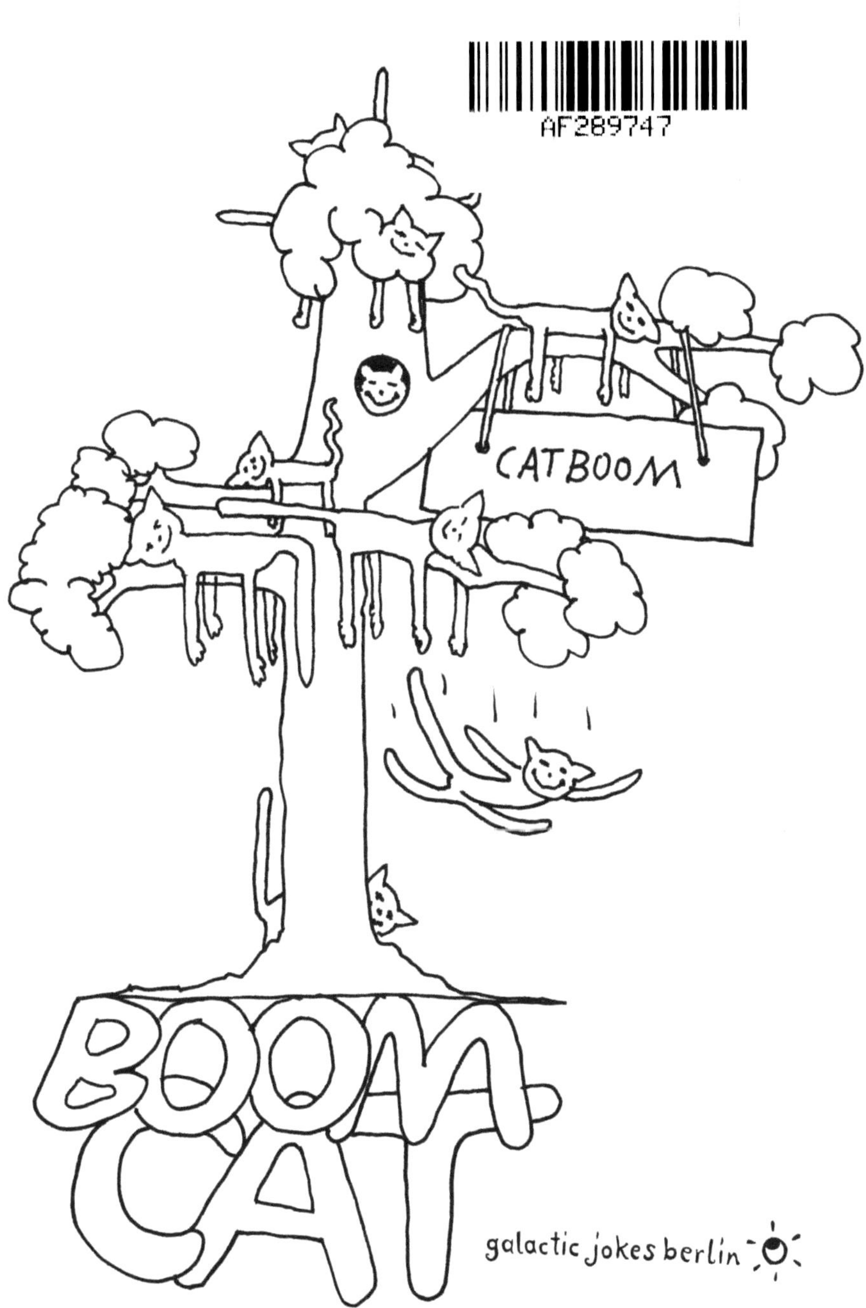

AF289747
CATBOOM
BOOM CAT
galactic jokes berlin

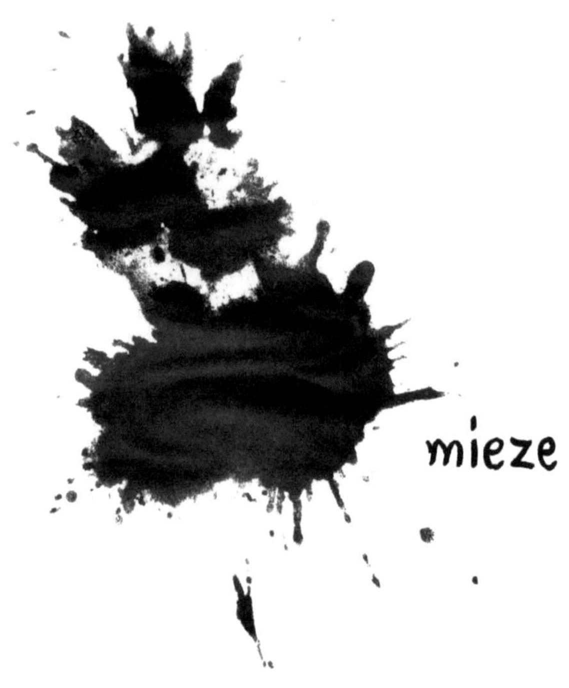

Bibliografische Informationen
der Deutschen Nationalbibliothek:
Die Deutsche Nationalbibliothek verzeichnet diese
Publikation in der Deutschen Nationalbibliografie;
detaillierte bibliografische Daten sind
im Internet über www.dnb.de abrufbar.

© 2015 Maren Roloff

Herstellung und Verlag:
BoD – Books on Demand, Norderstedt

ISBN 978-3-7347-8177-3

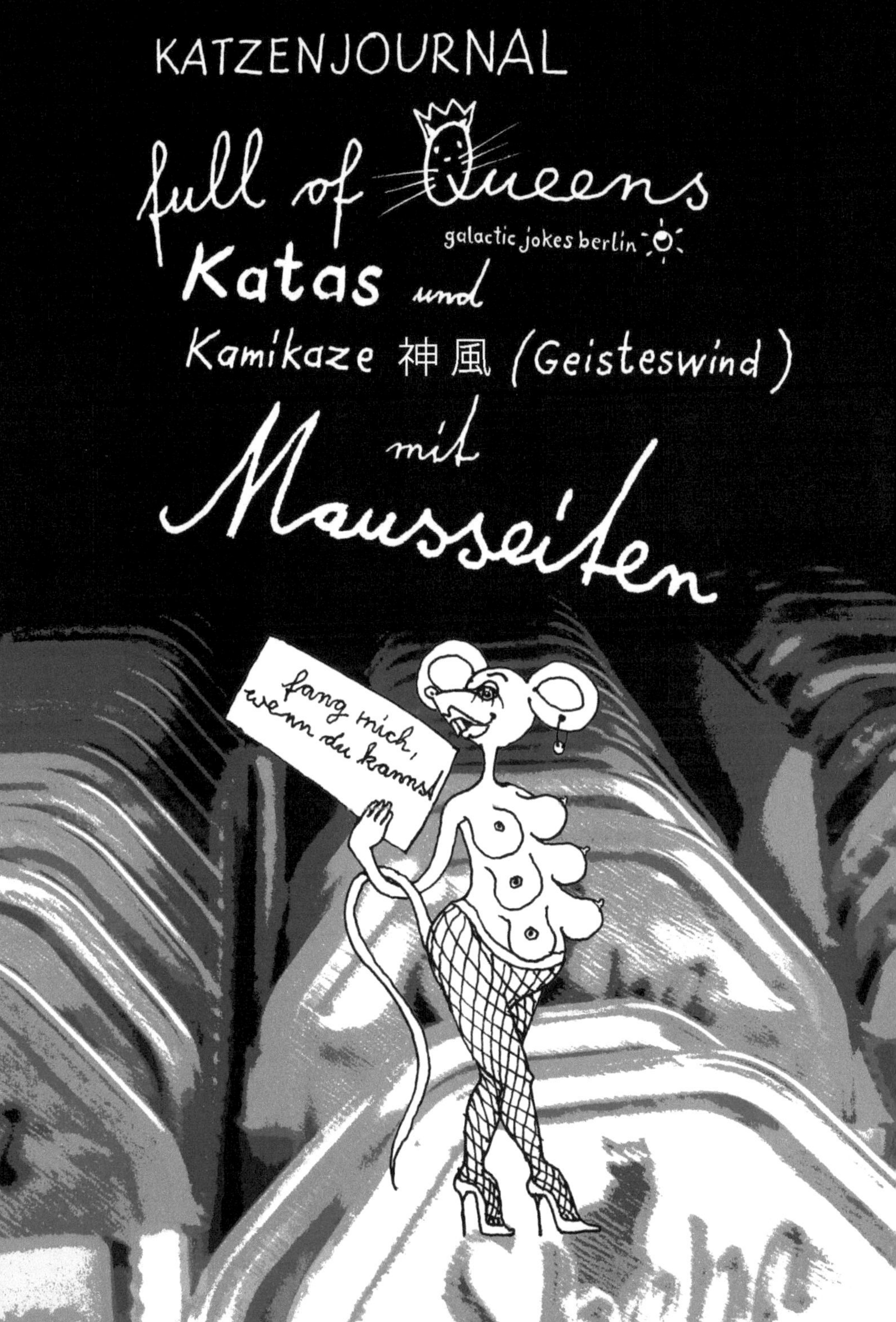

KATZENJOURNAL
full of Queens
galactic jokes berlin
Katas und
Kamikaze 神風 (Geisteswind)
mit
Mausseiten
fang mich, wenn du kannst

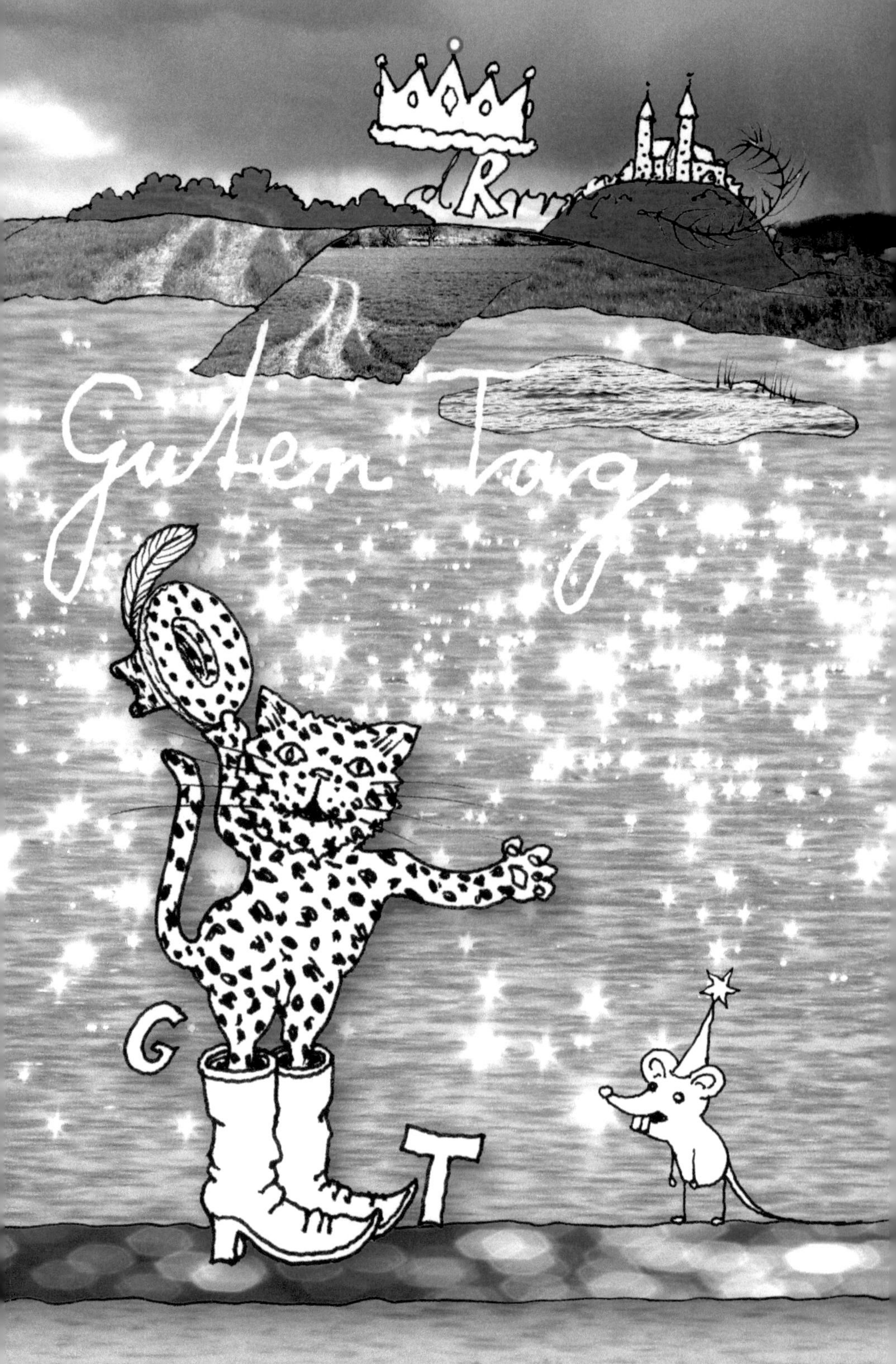

Guten Tag
G
T

es ist eher ein
Kata log
denn ein Journal

Kaze
matten

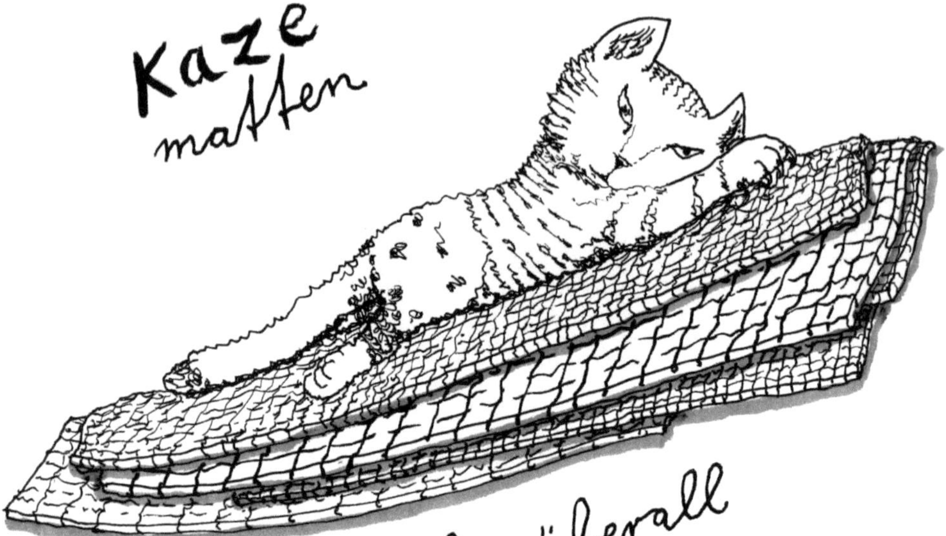

Katzen schlafen überall

Case
in

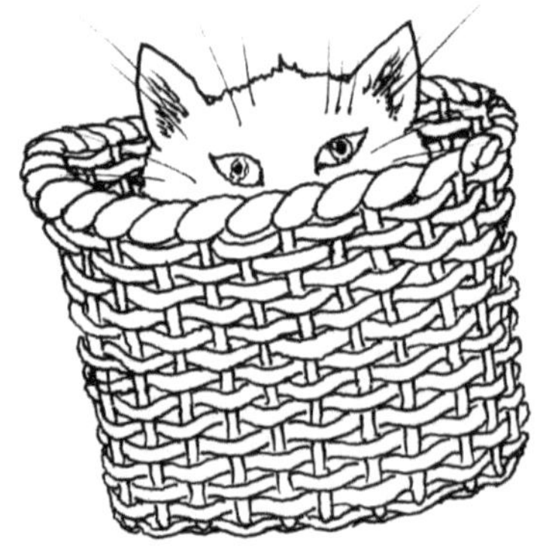

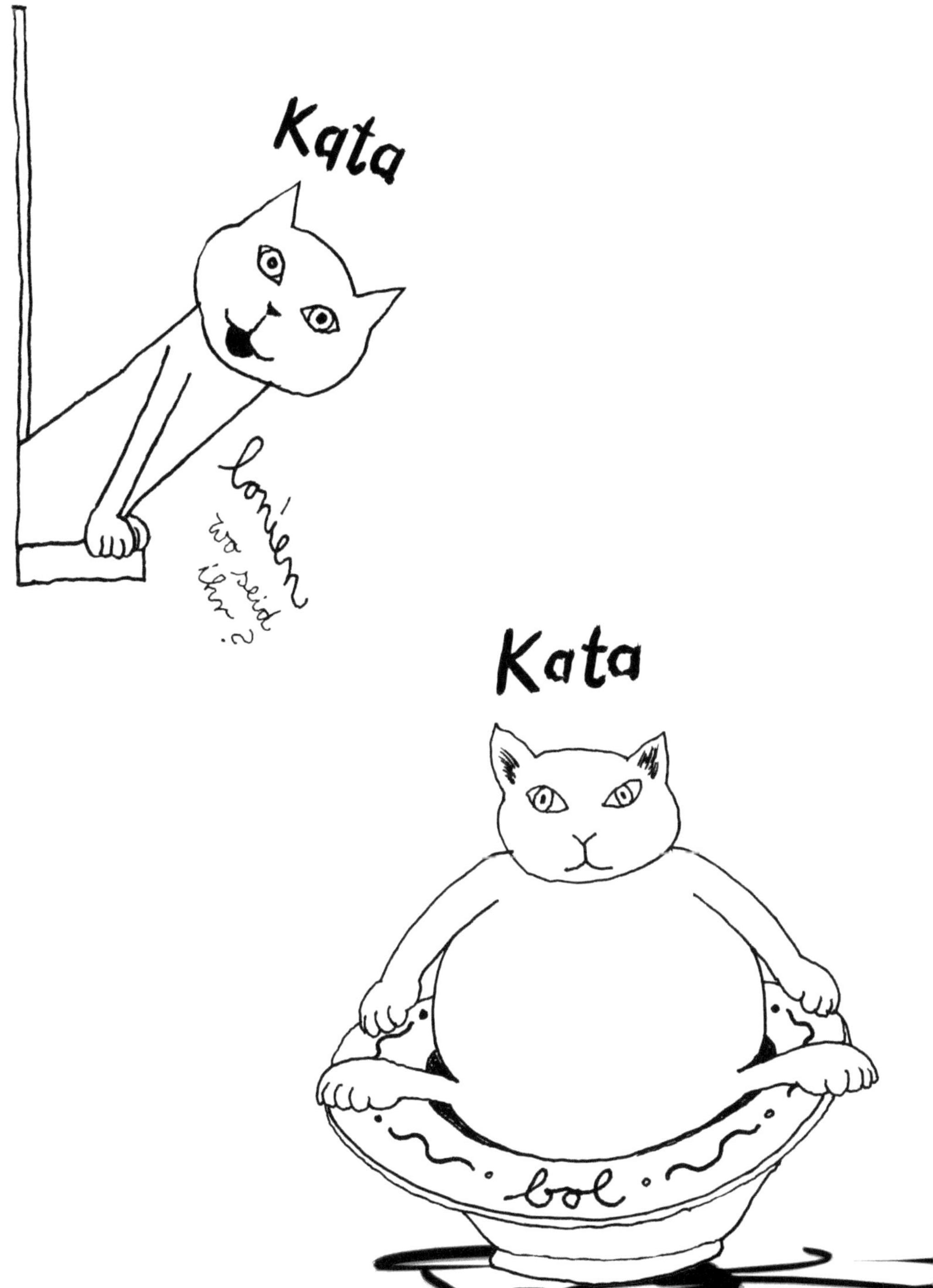
Kata
bol
Kata

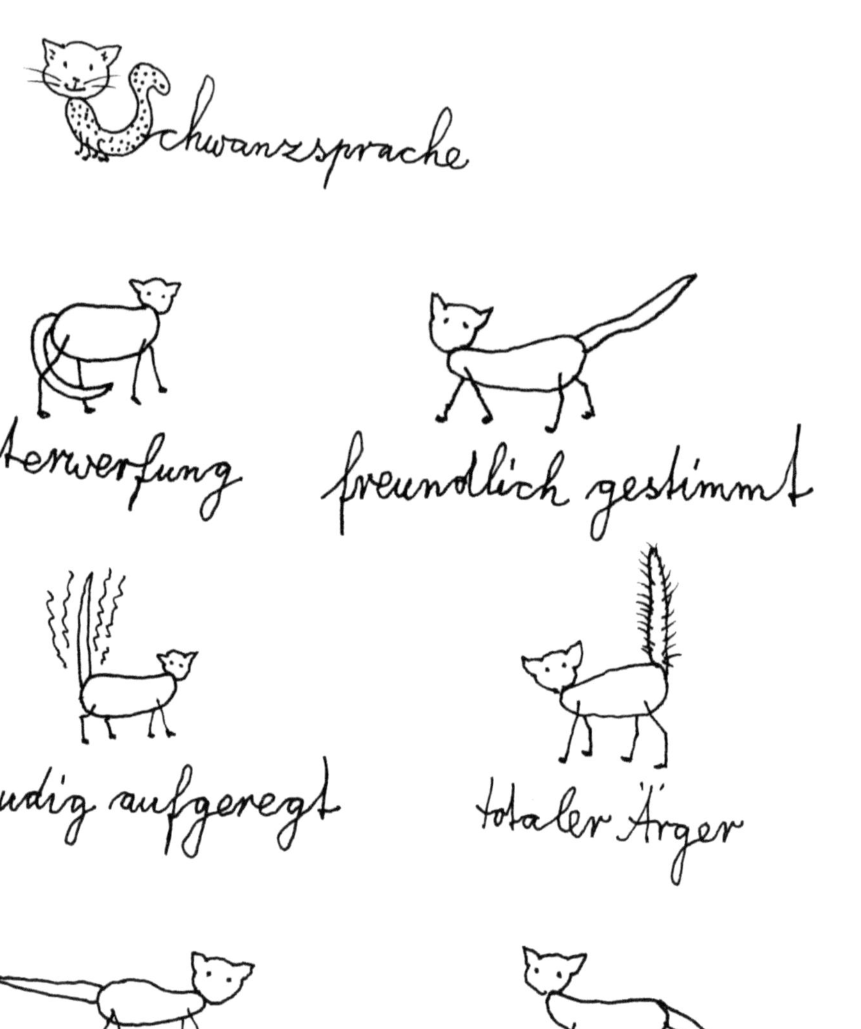

Schwanzsprache
Unterwerfung
freundlich gestimmt
freudig aufgeregt
totaler Ärger
du bist mein Freund
bereit zum Angriff
Zutraulich entspannt

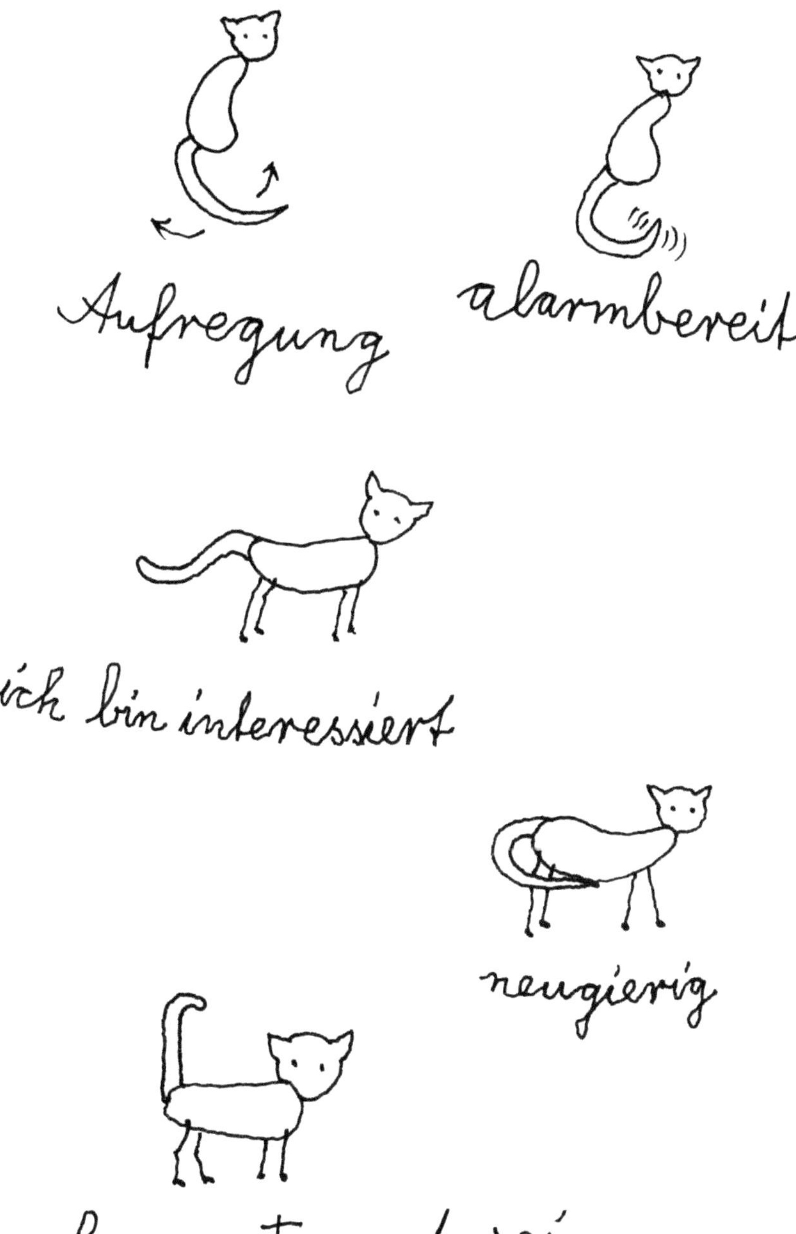

Aufregung
alarmbereit
ich bin interessiert
neugierig
lass uns Freunde sein

Die Katzen
ideal zum Schlecken, (Ver)Putzen
schlecklich vorzüglich
vorzüglich schlecklich
und zum Rausstrecken.
(: bähh :)
Schleckermäulchen

Ohrsprache

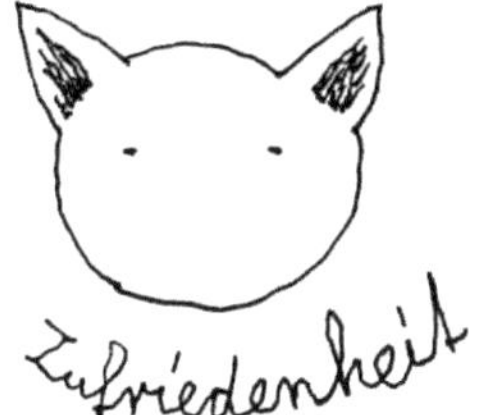

Zufriedenheit

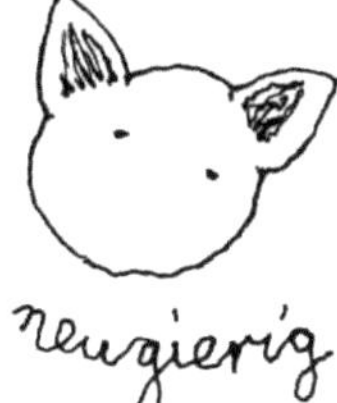

neugierig

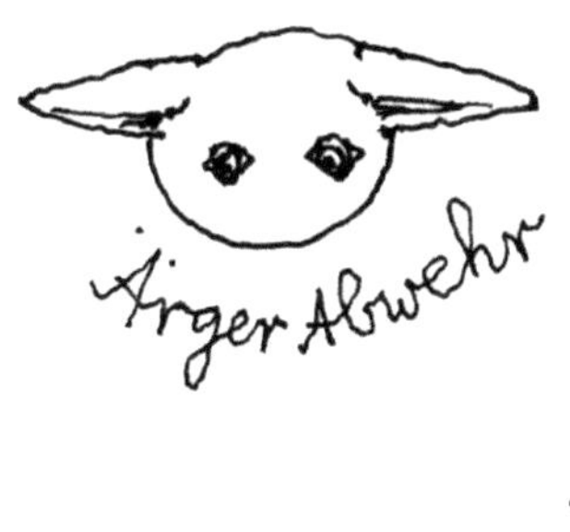

Ärger Abwehr

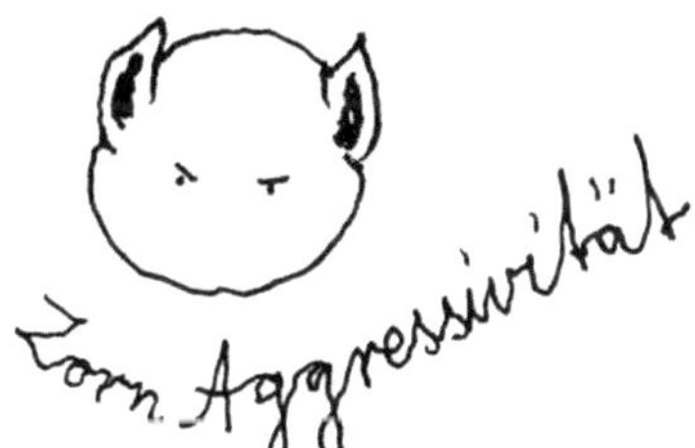

Zorn Aggressivität

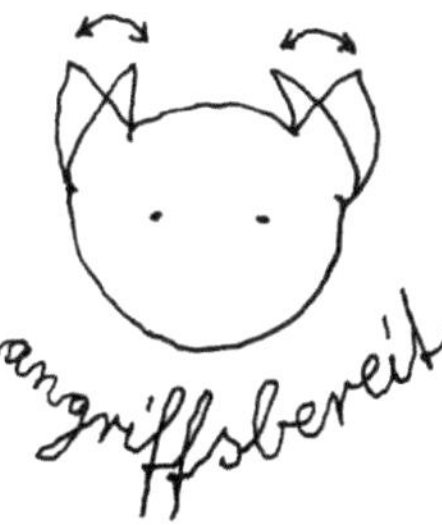

angriffsbereit

furchtbar witzig

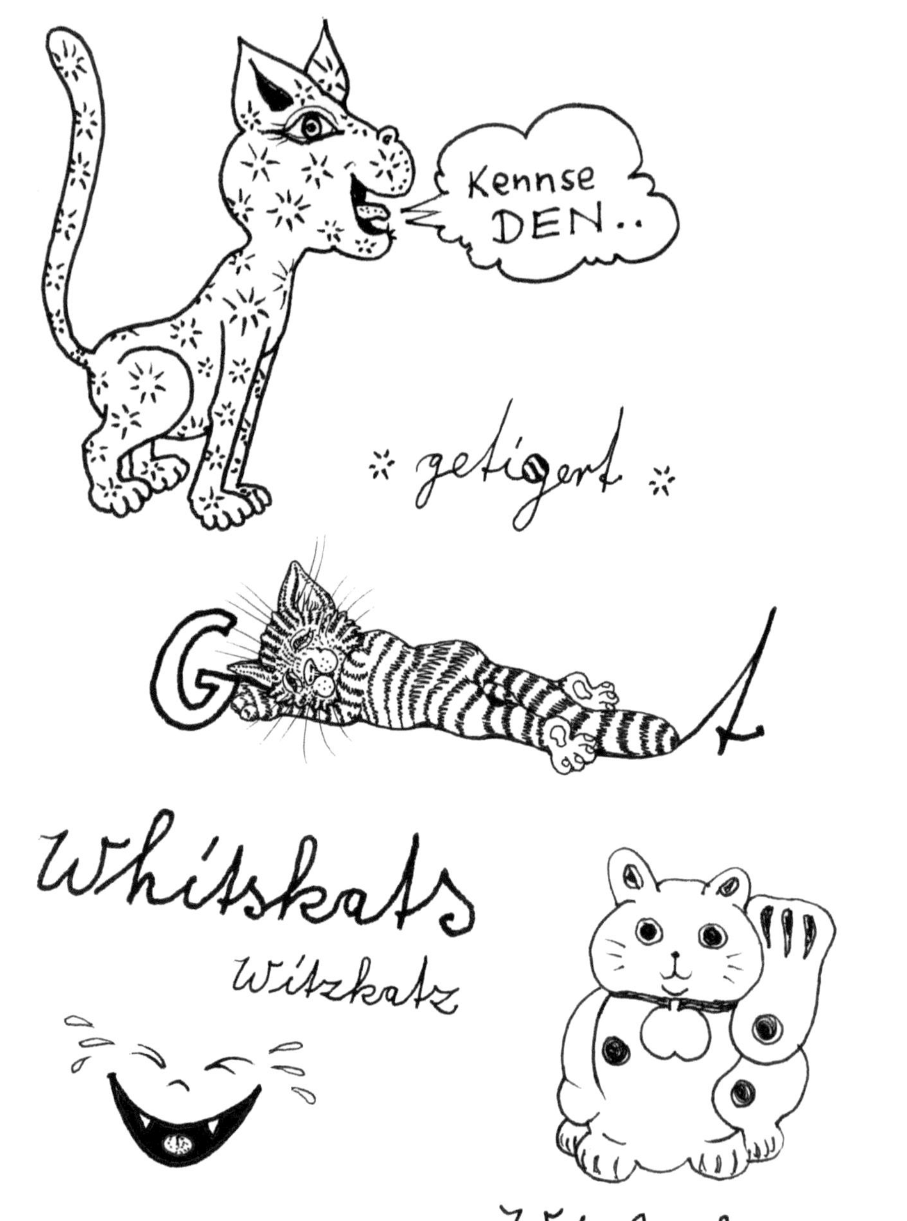
Kennse DEN..

* getigert *

G A

Whitskats
Witzkatz

Winkekaze
Glückskatse

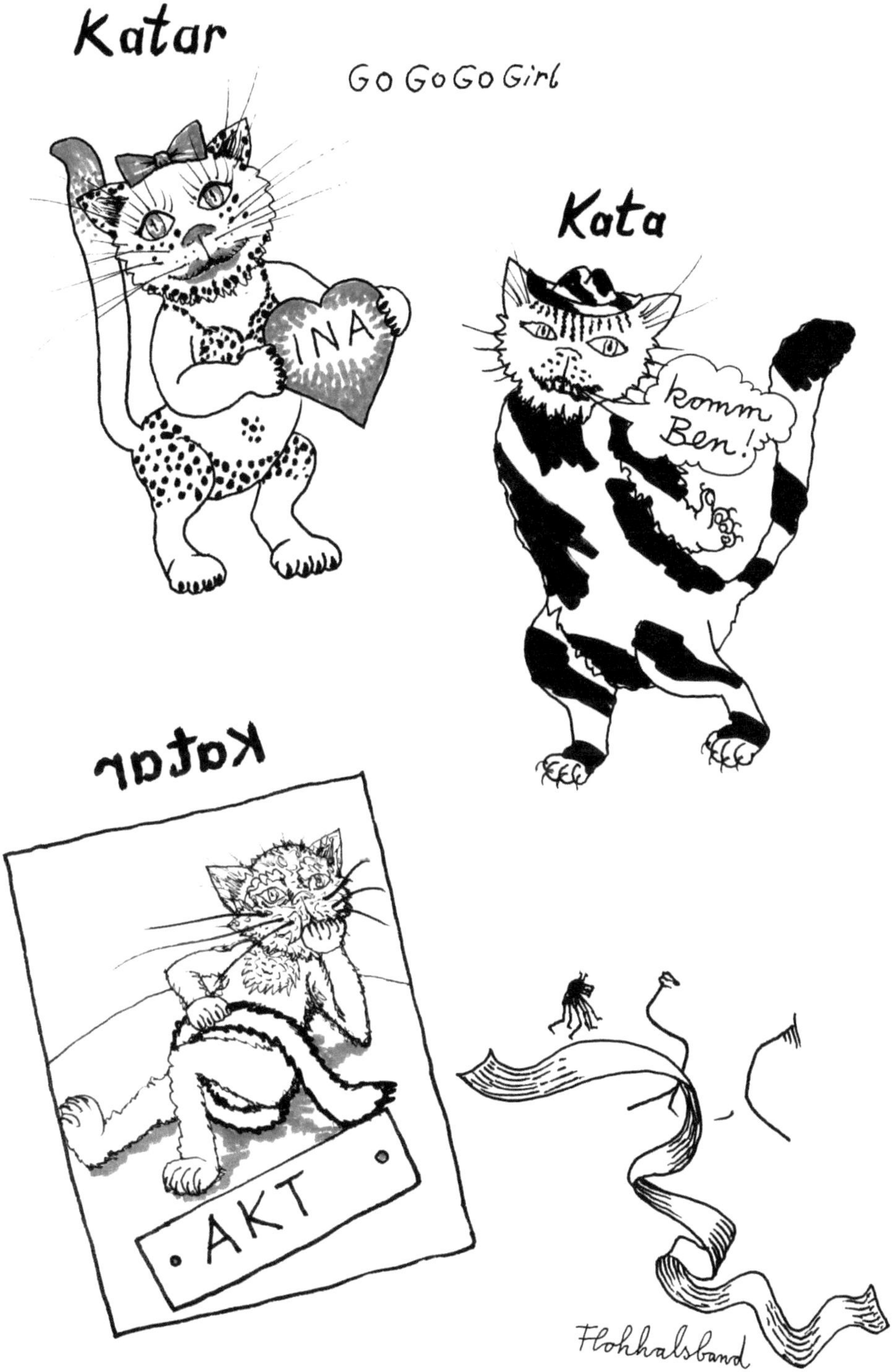

Katar
Go Go Go Girl
Kata
INA
komm Ben!
Katar
.AKT
Flohhalsband

ein richtig
dicker
Fisch !

Der
Katzen

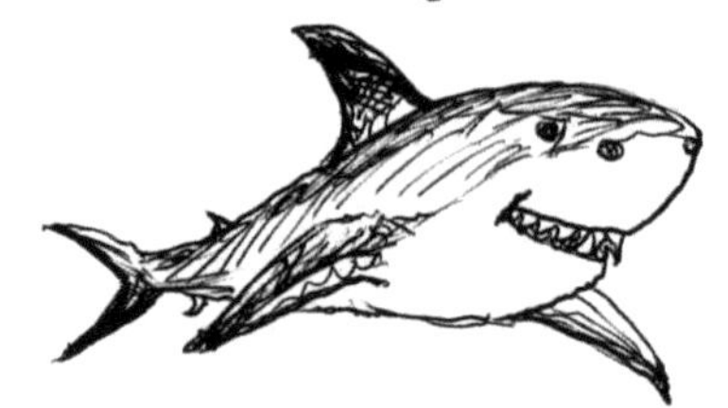

ist für wasserscheue
Katzen ungefährlich.

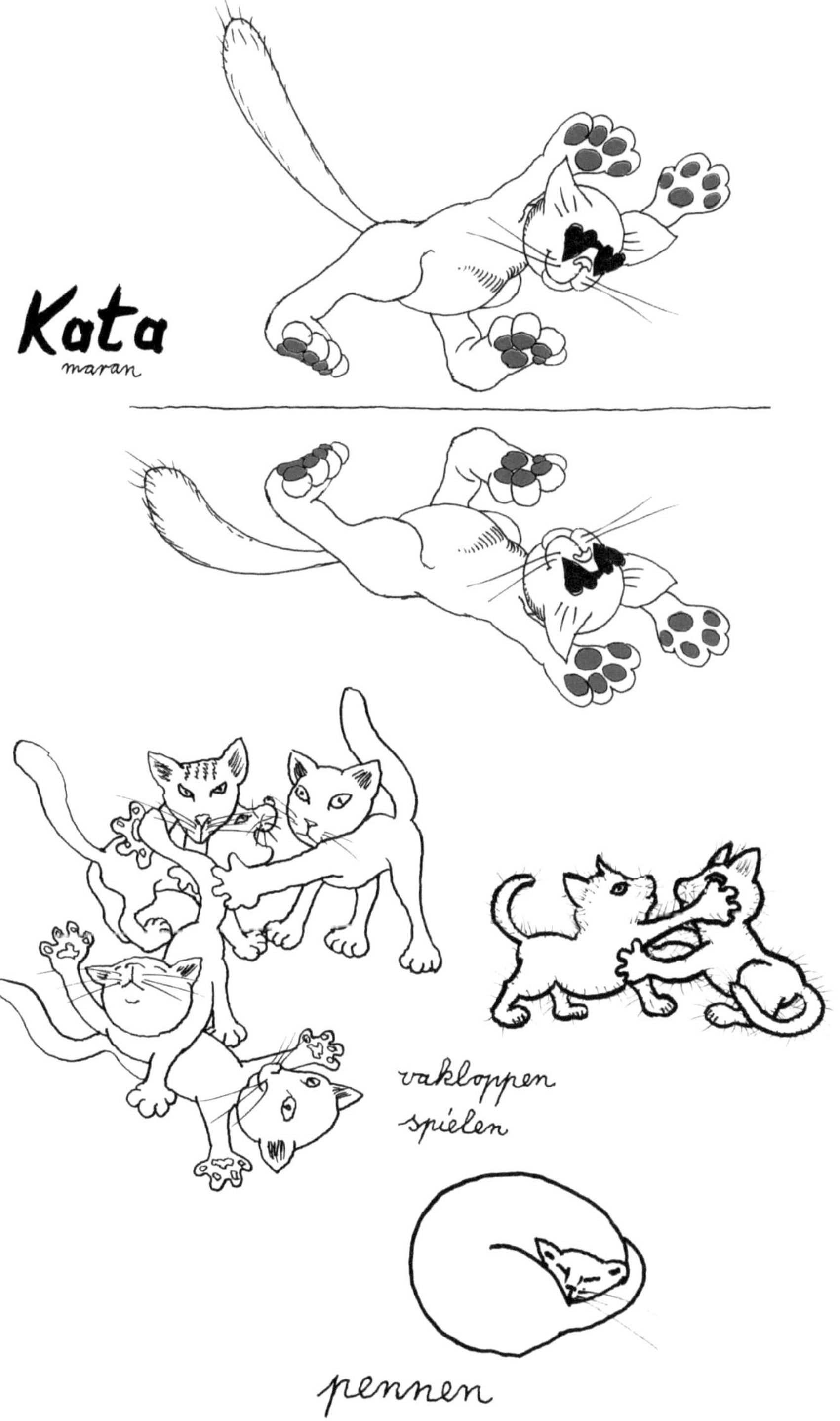

Kata
maran
vakloppen
spielen
pennen

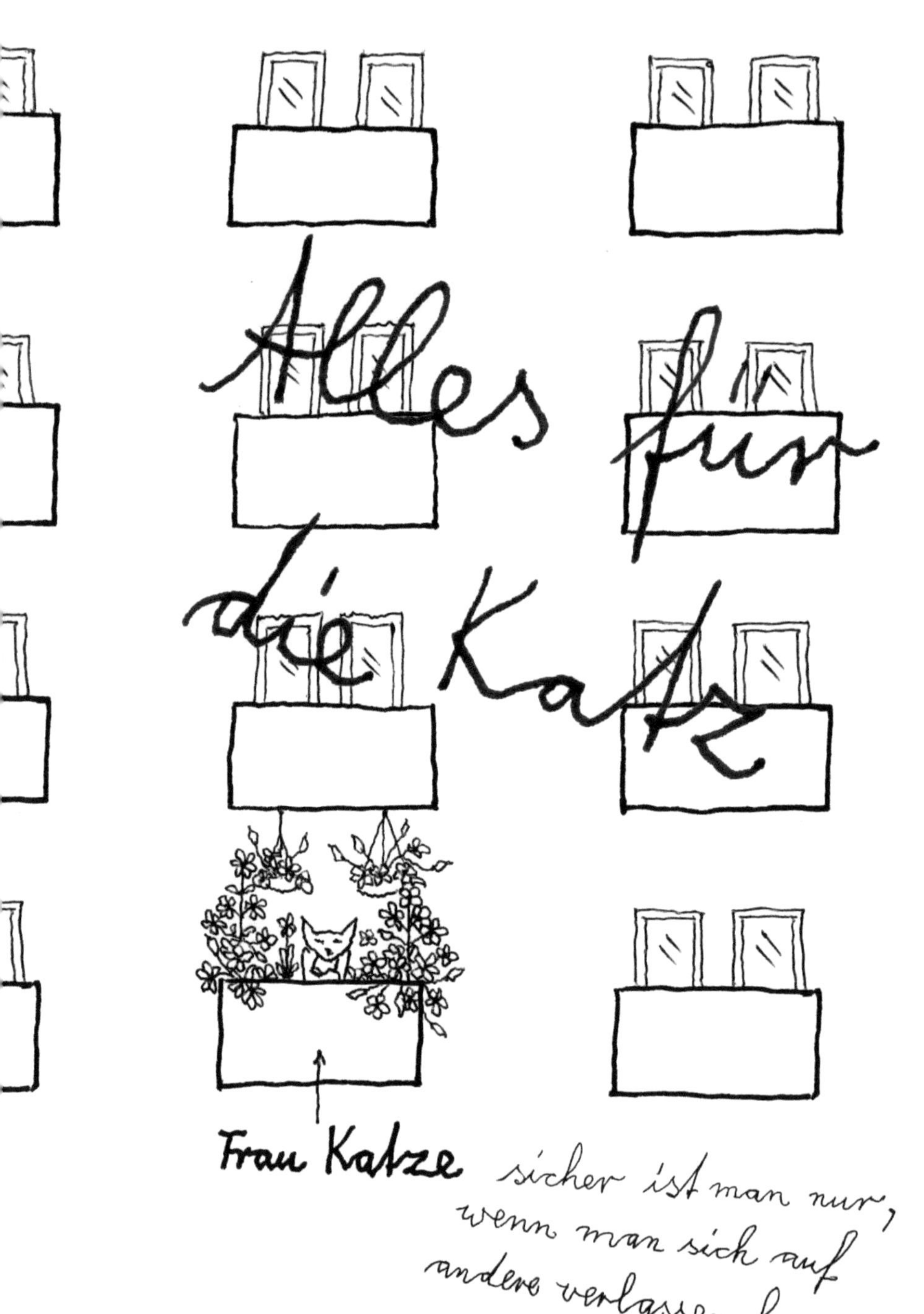

Alles für
die Katz

Frau Katze

sicher ist man nur,
wenn man sich auf
andere verlassen kann.

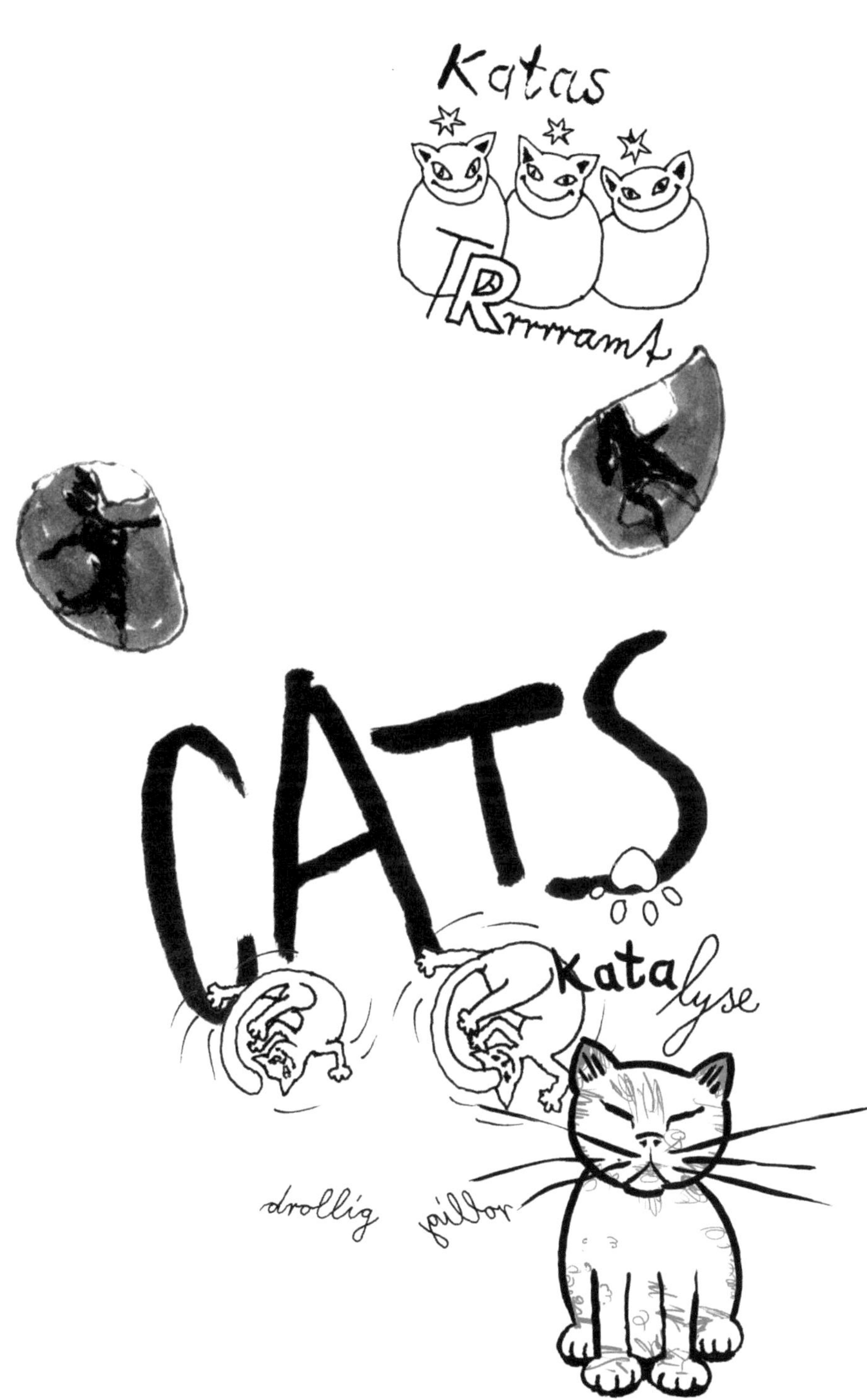

Katas
TRrrrramt
CATS
Katalyse
drollig gibbor

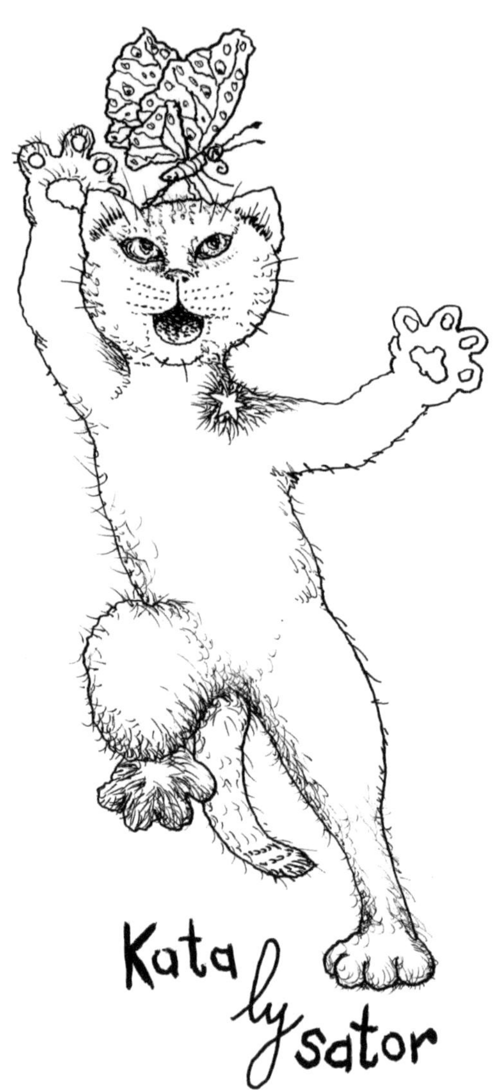

Katalysator

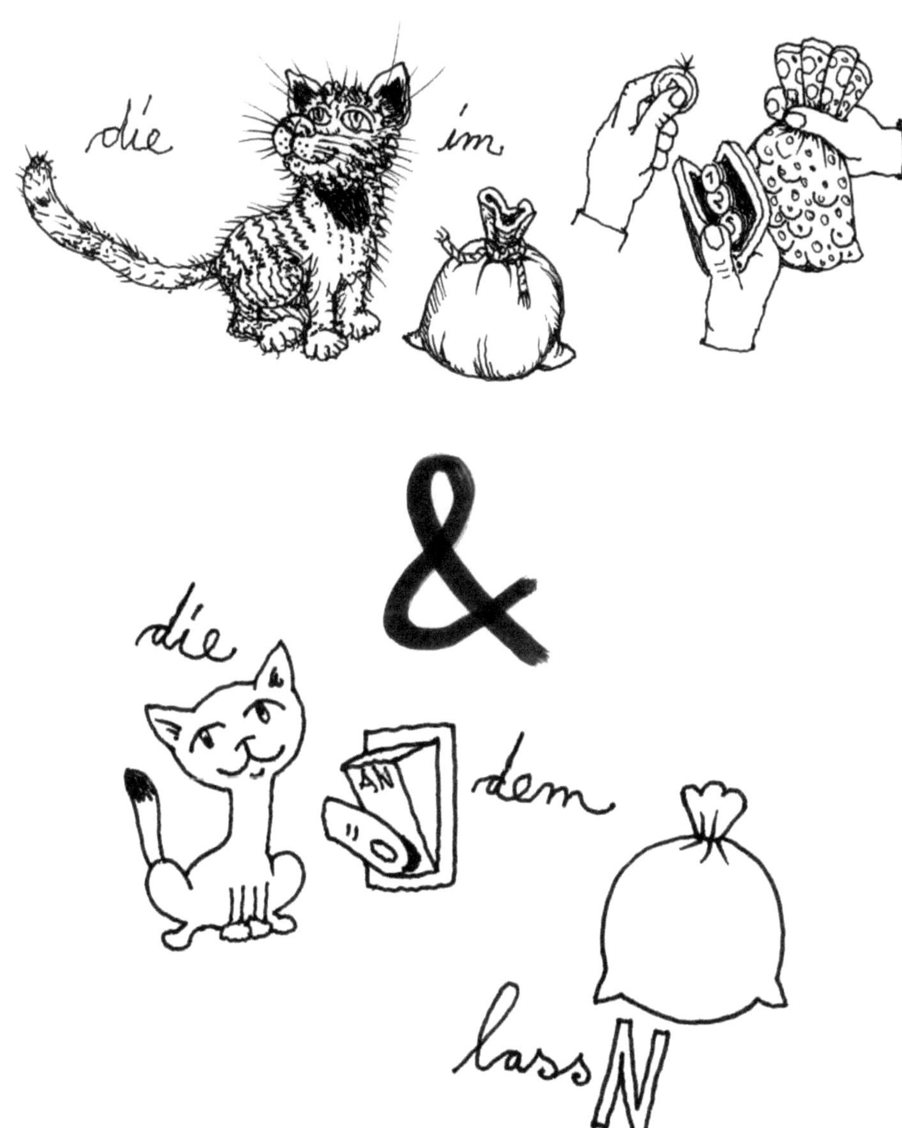
die
im
die
&
dem
lass N

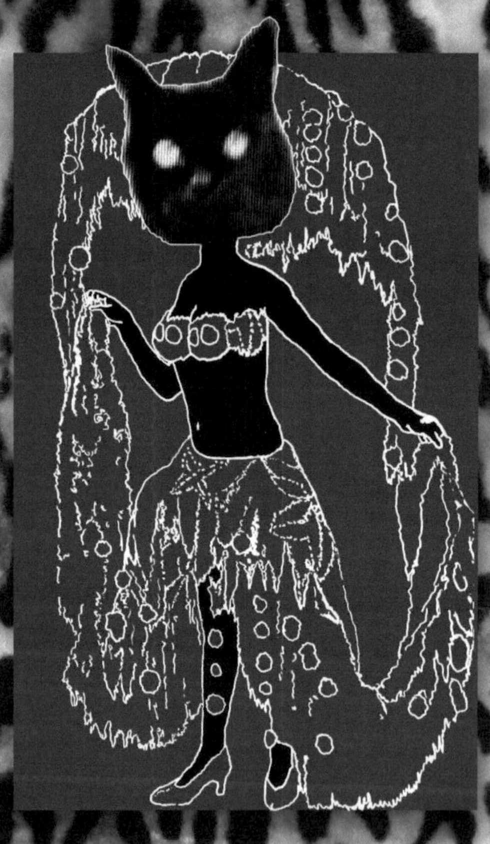
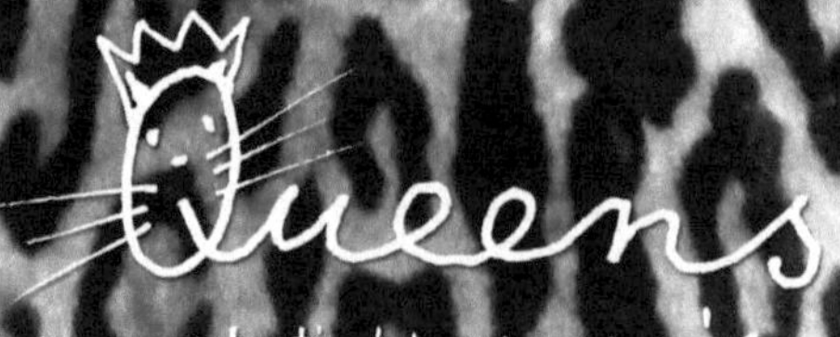
Queens
galactic jokes berlin

.KATZENVERSTEHER.

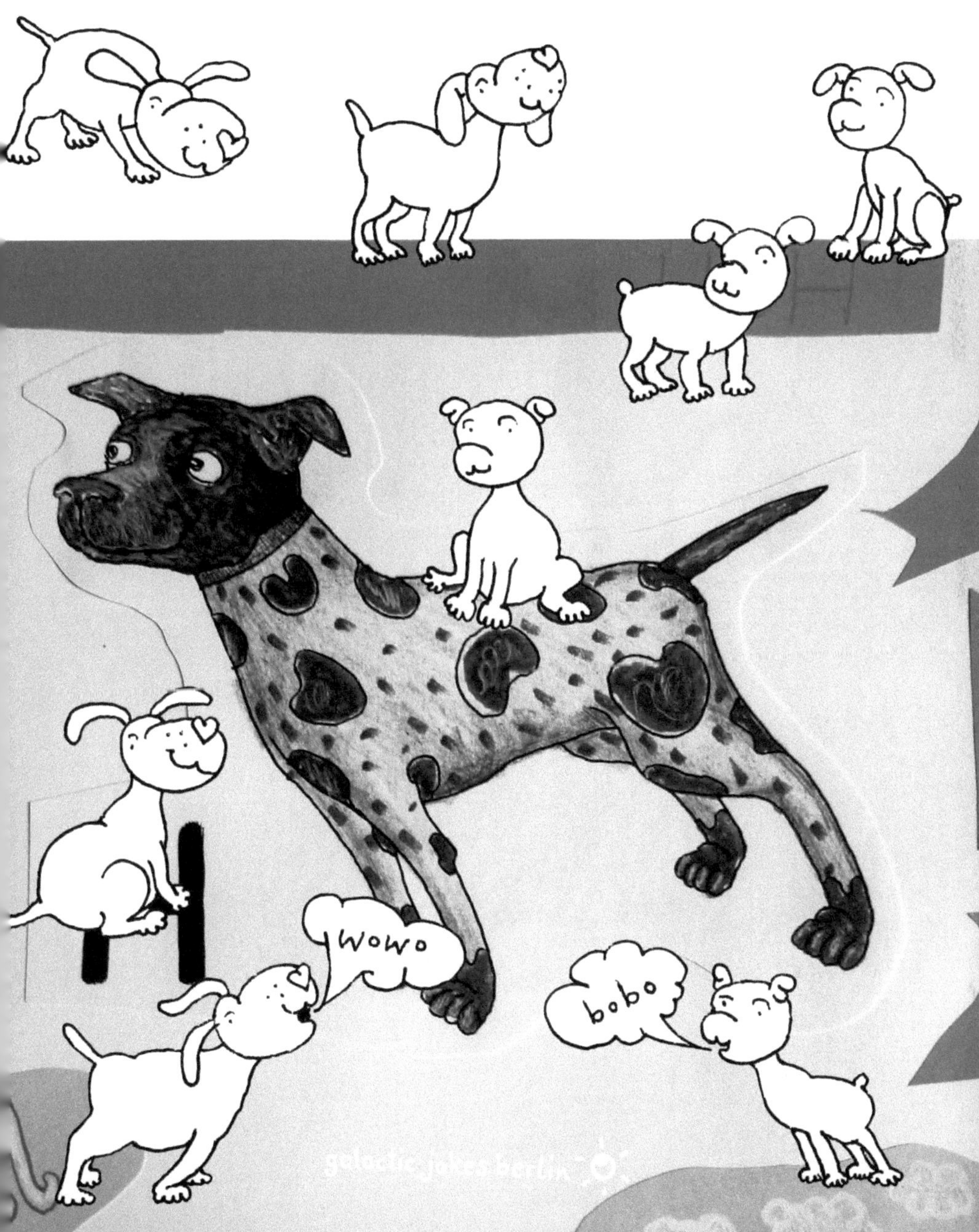

Kazett

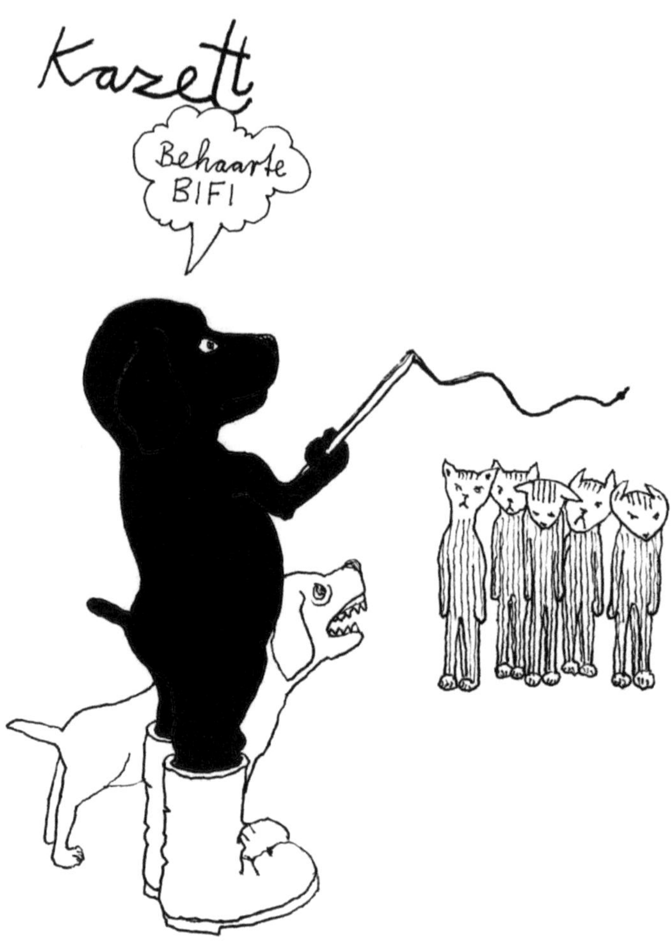

mit jemandem
Katz und Maus
spielen

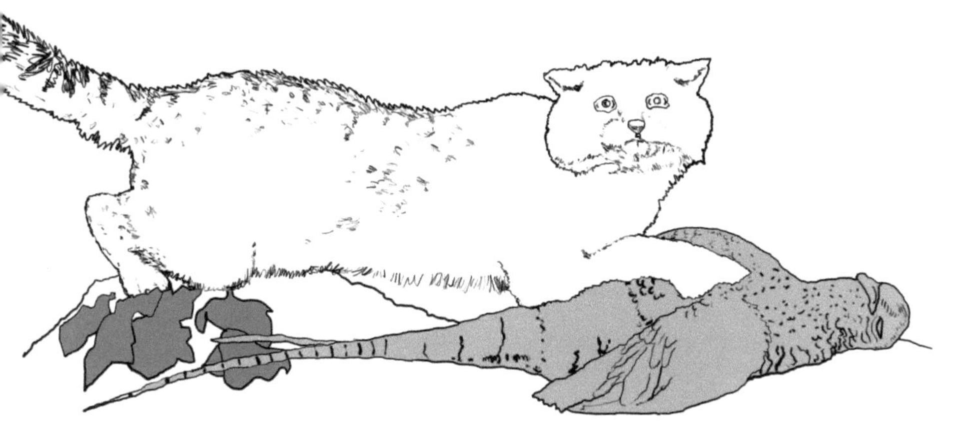

Der letzte Wildkater im Jlfelder Tal

ausgestopft im früheren (beliebtes Ausflugslokal) Netzkater

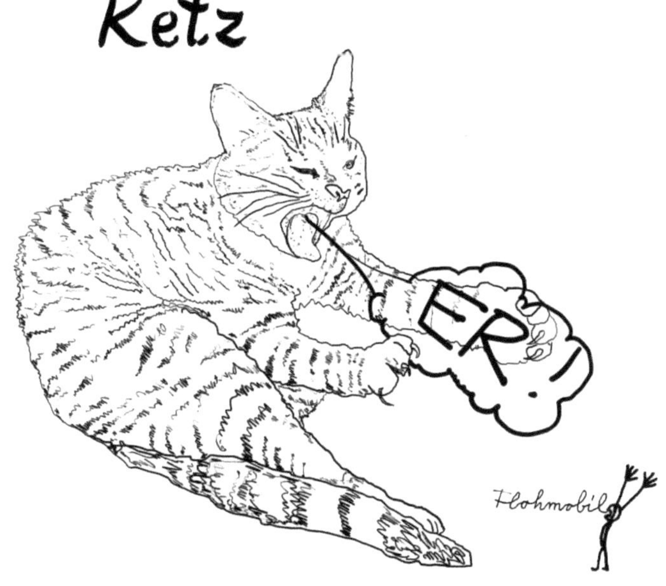

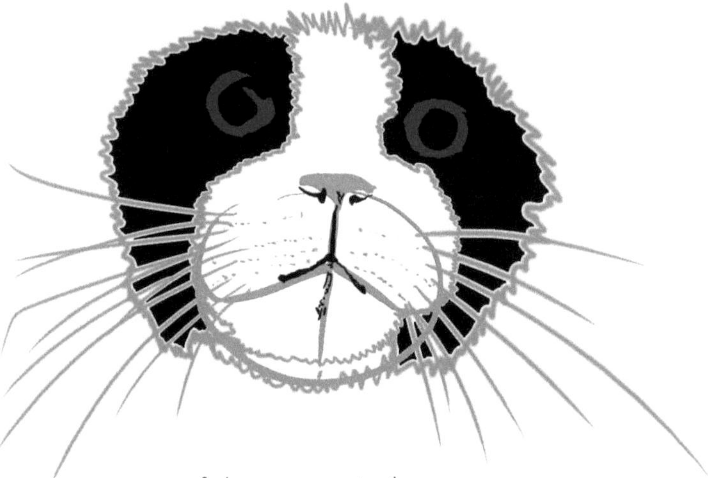

„ Man sieht nur mit dem Herzen
gut. … "

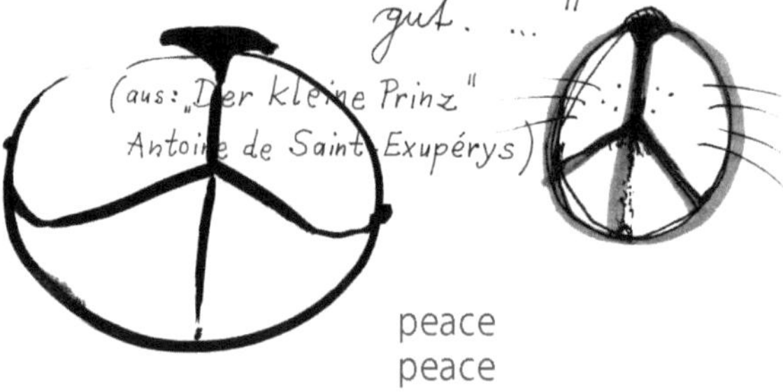

(aus: „Der kleine Prinz"
Antoine de Saint-Exupérys)

peace
peace
peace

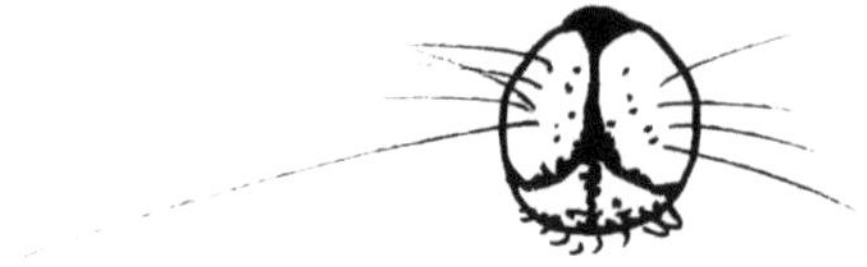

神風

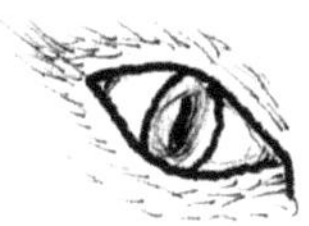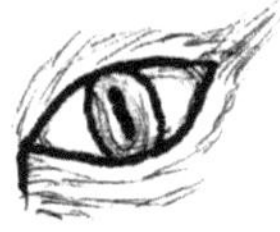

Das Herz
einer Frau
ist wie die Augen
einer Katze.

(jap. Sprichwort)

Original: "女の心は猫の眼。" - "Onna no kokoro wa neko no me."

galactic artichokes berlin

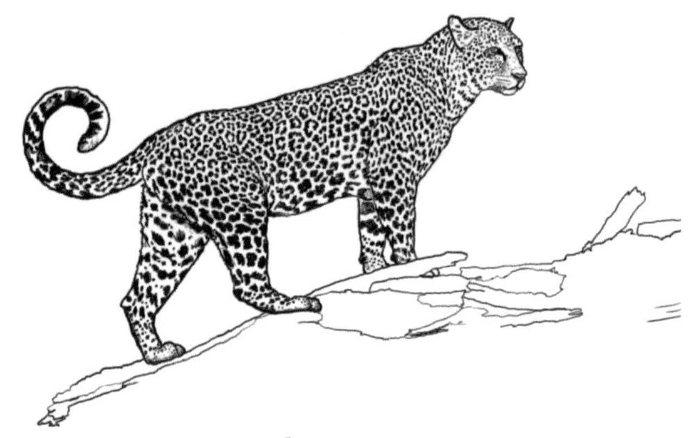

Amur-Leopard

mon amour – apart

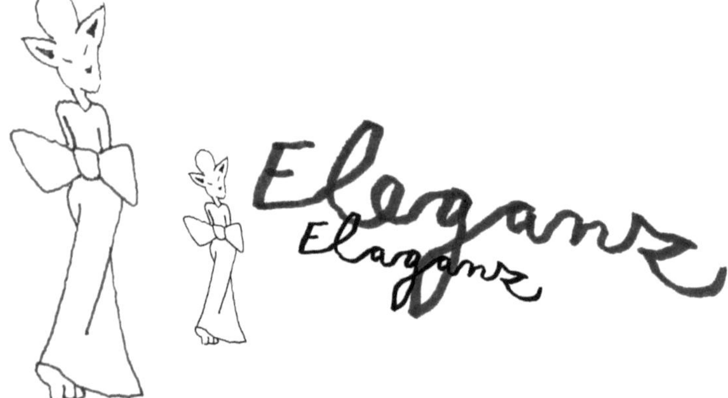

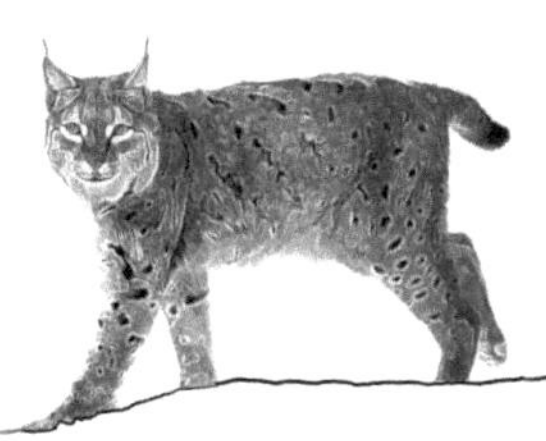

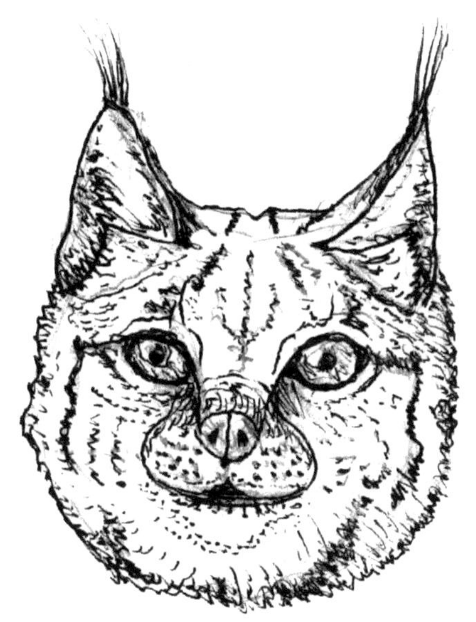

Luchs

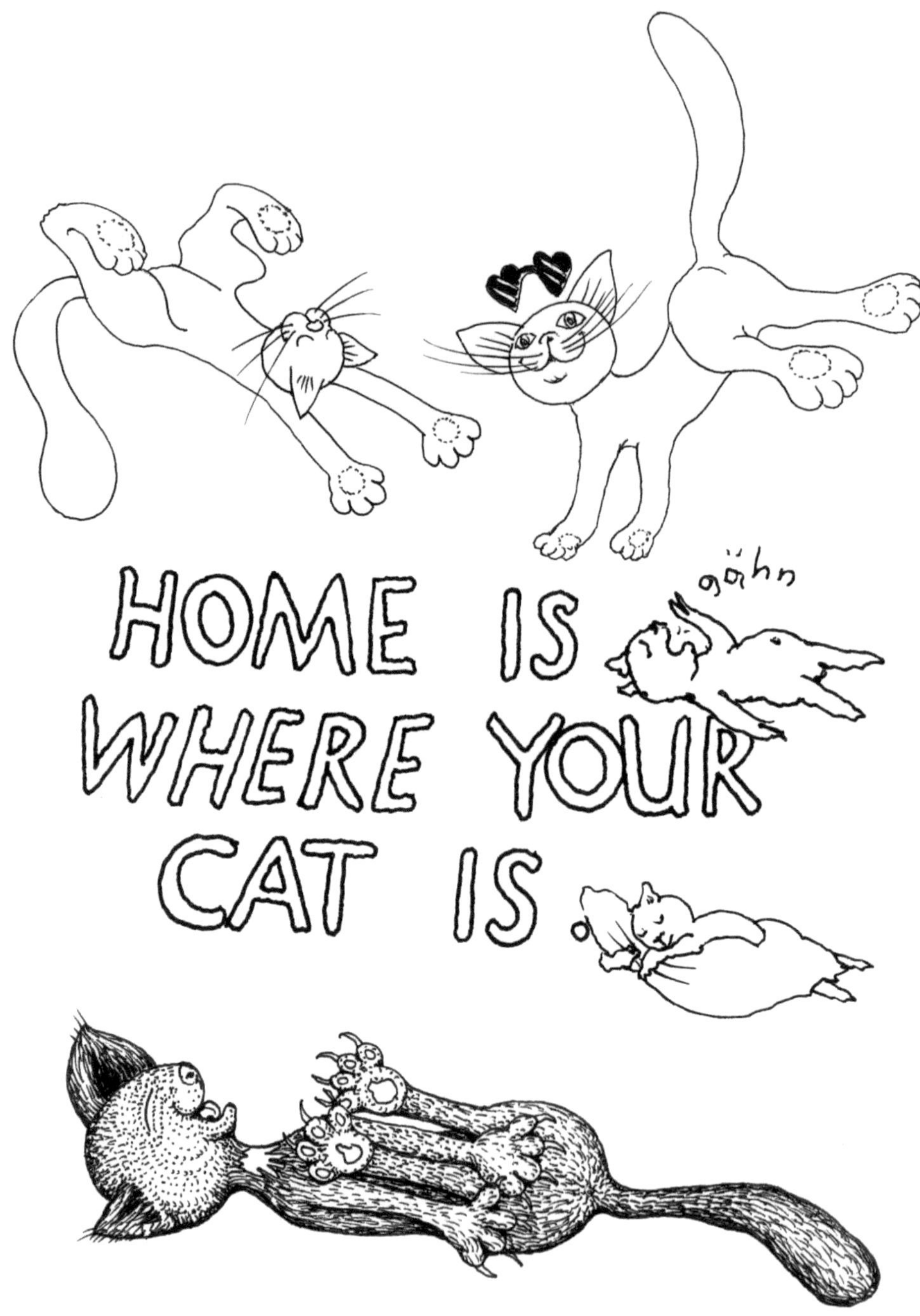

gähn
HOME IS
WHERE YOUR
CAT IS
galactic jokes berlin

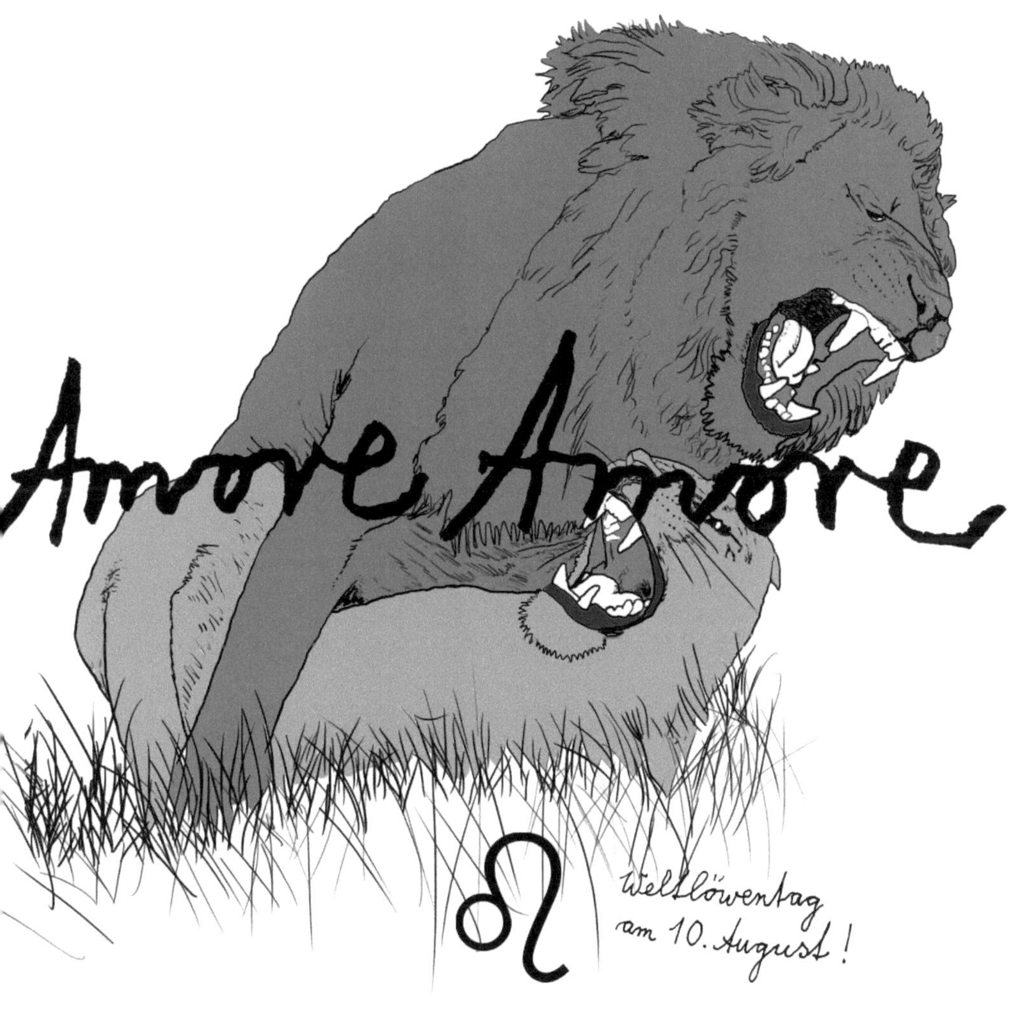

Amore Amore
Weltlöwentag am 10. August!

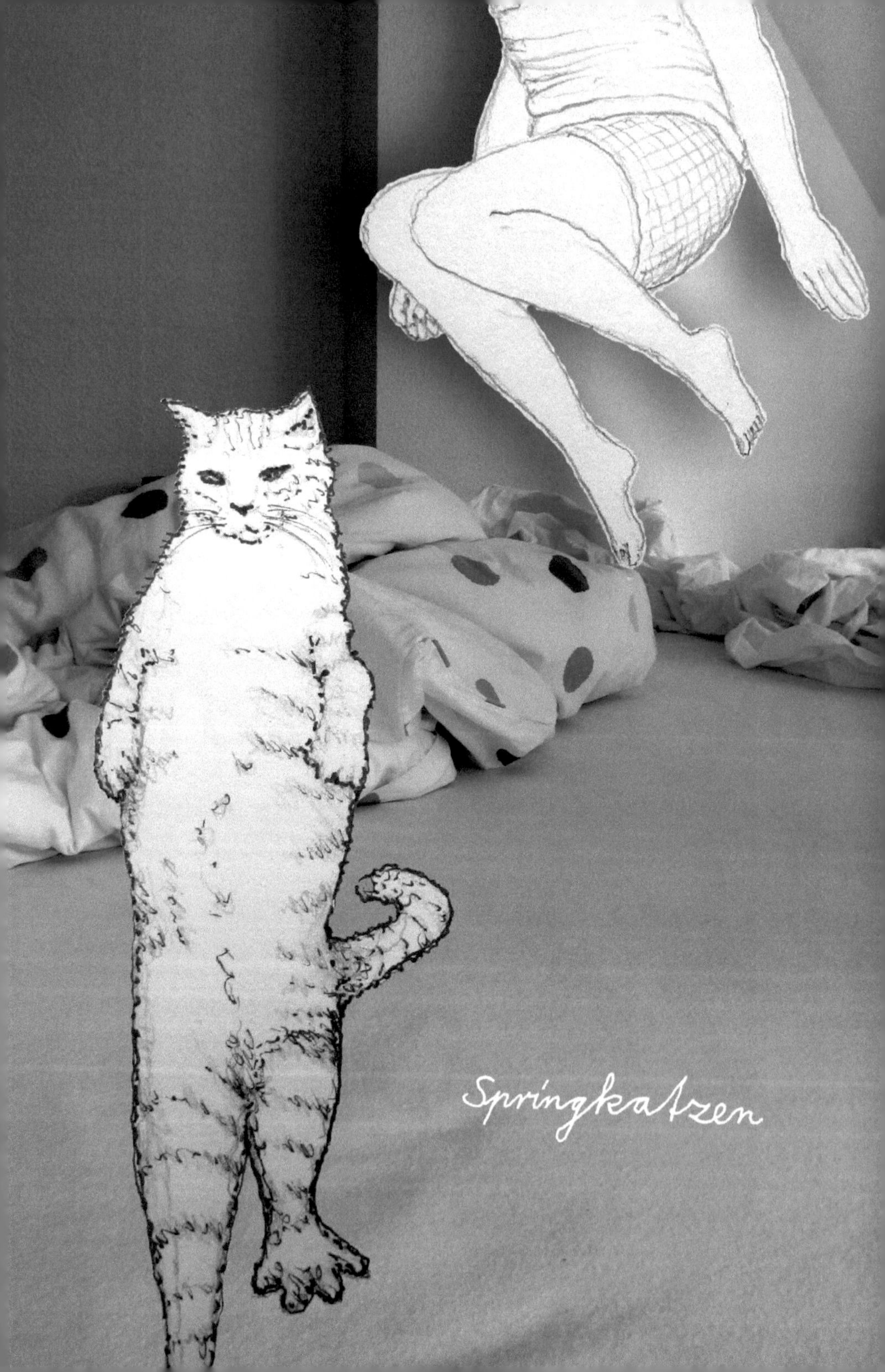
Springkatzen

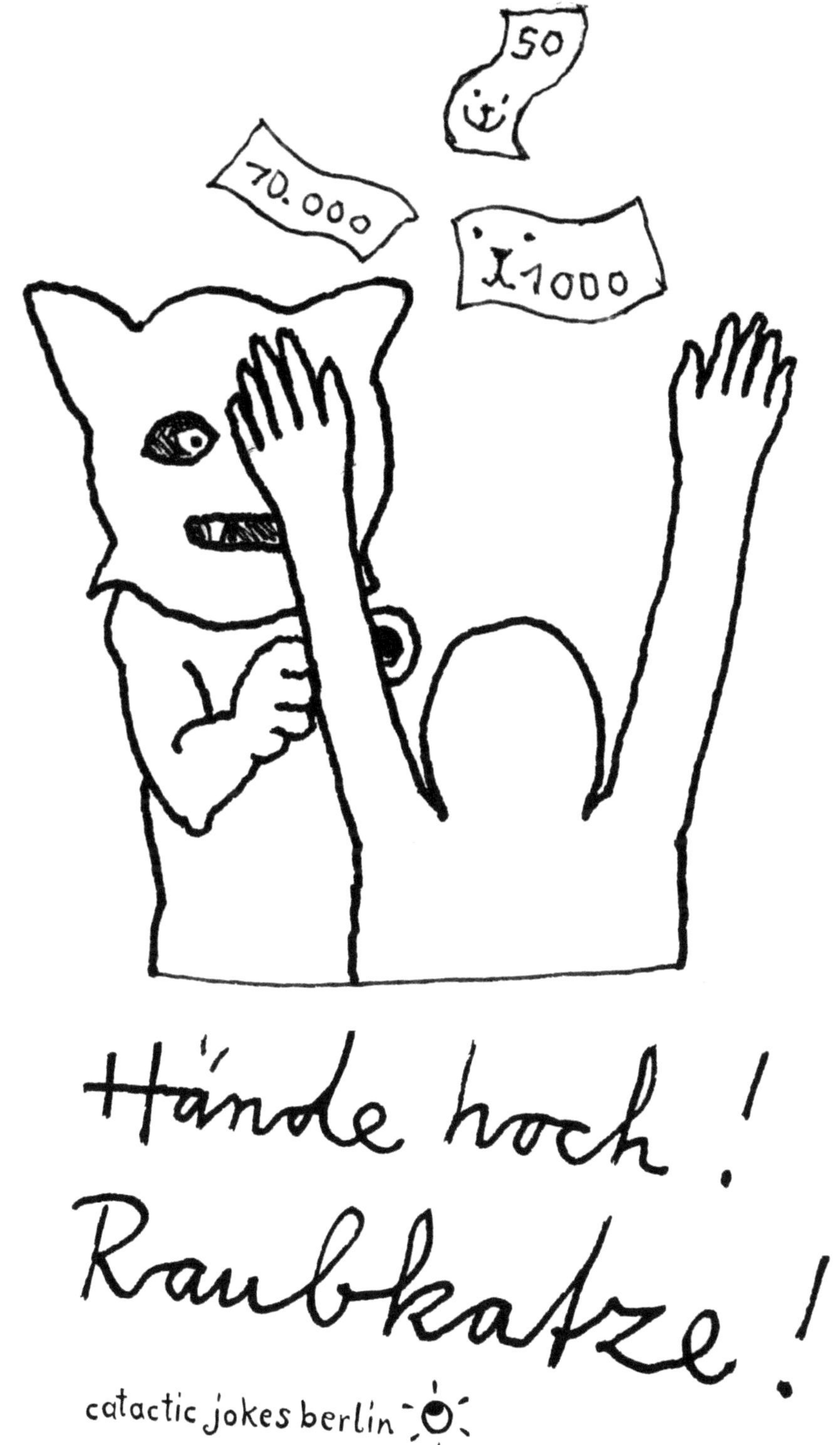

50
70.000
1000
Hände hoch!
Raubkatze!
catactic jokes berlin

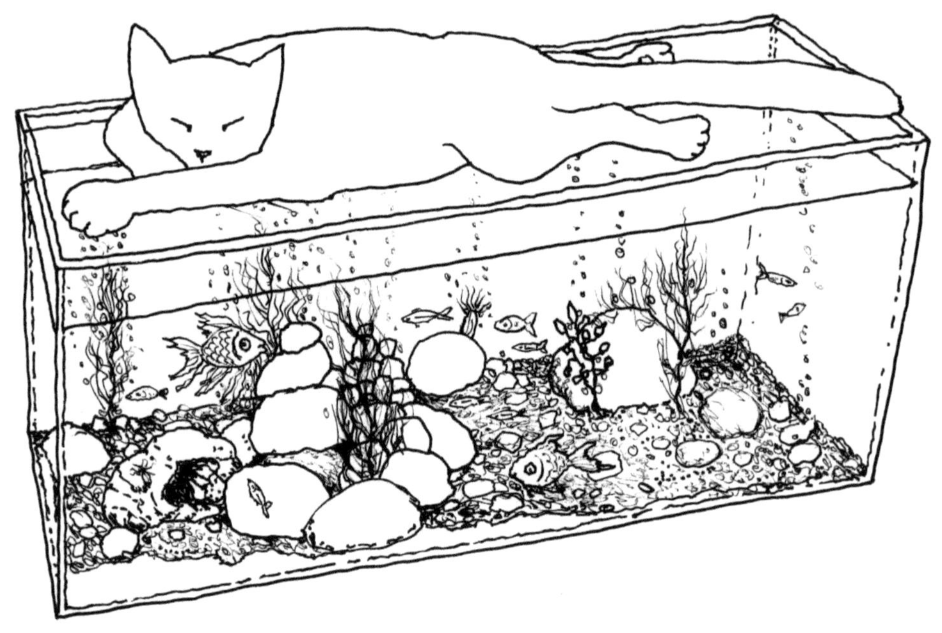

tiefenentspannt

Kata
chese
Say cheese!
Freigänger
gibt workshops zum Thema: „Wie fängt man Mäuse?"

دولة قطر
Katar
Persischer Golf 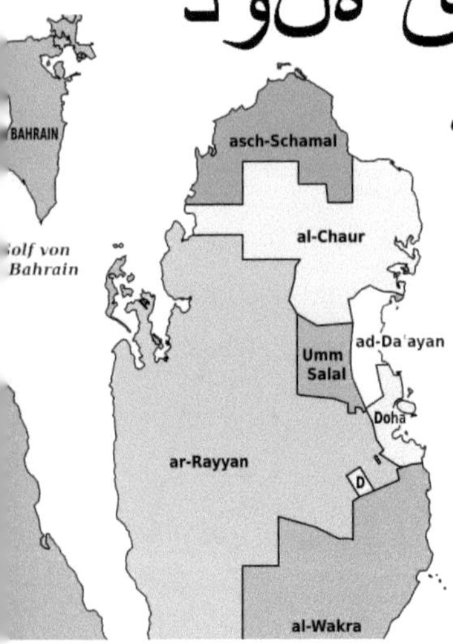 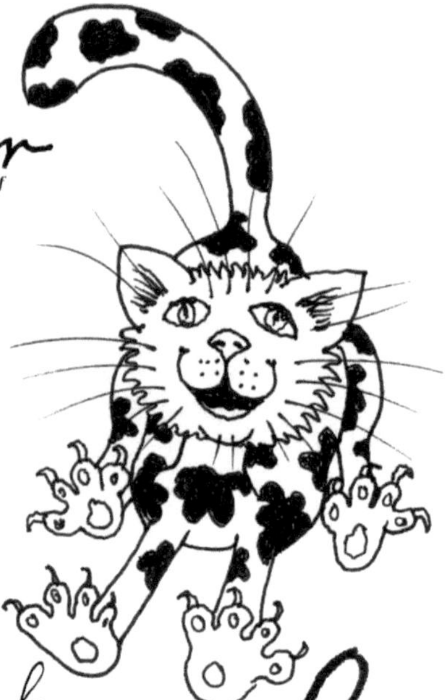
BAHRAIN
Golf von Bahrain
asch-Schamal
al-Chaur
Umm Salal
ad-Da'ayan
Doha
ar-Rayyan
D
al-Wakra
krrrrrrr
Katarrh
Catarrhus; v. altgriechisch καταρρεῖν katarrhein = herunterfließen
兔 Hase/Katze
(chin. Horosk.)

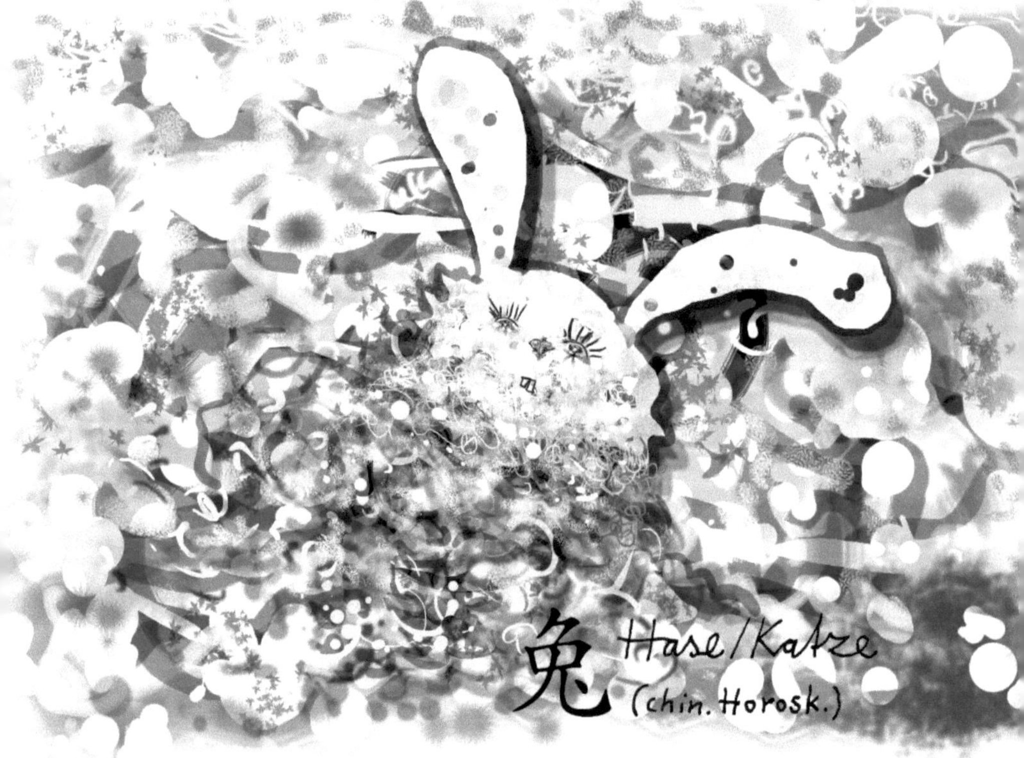

Schwarzer Peter
Jackass

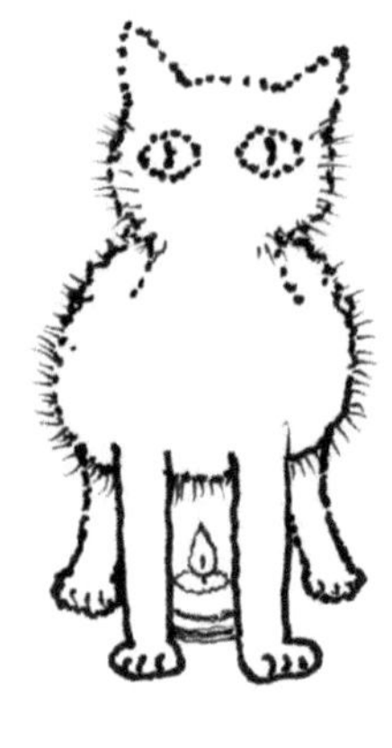

sie stellte sich
vertrauenvoll
neben meinen
Arbeitsplatz
direkt über das
Teelicht …

nachdem ich das lichterlohe
Knäuel vom Feuer geworfen
hatte …

putzte sie sich, noch völlig
verstört und angewidert
von ihrem eigenen Geruch.

schaudahaft

galactic jokes berlin

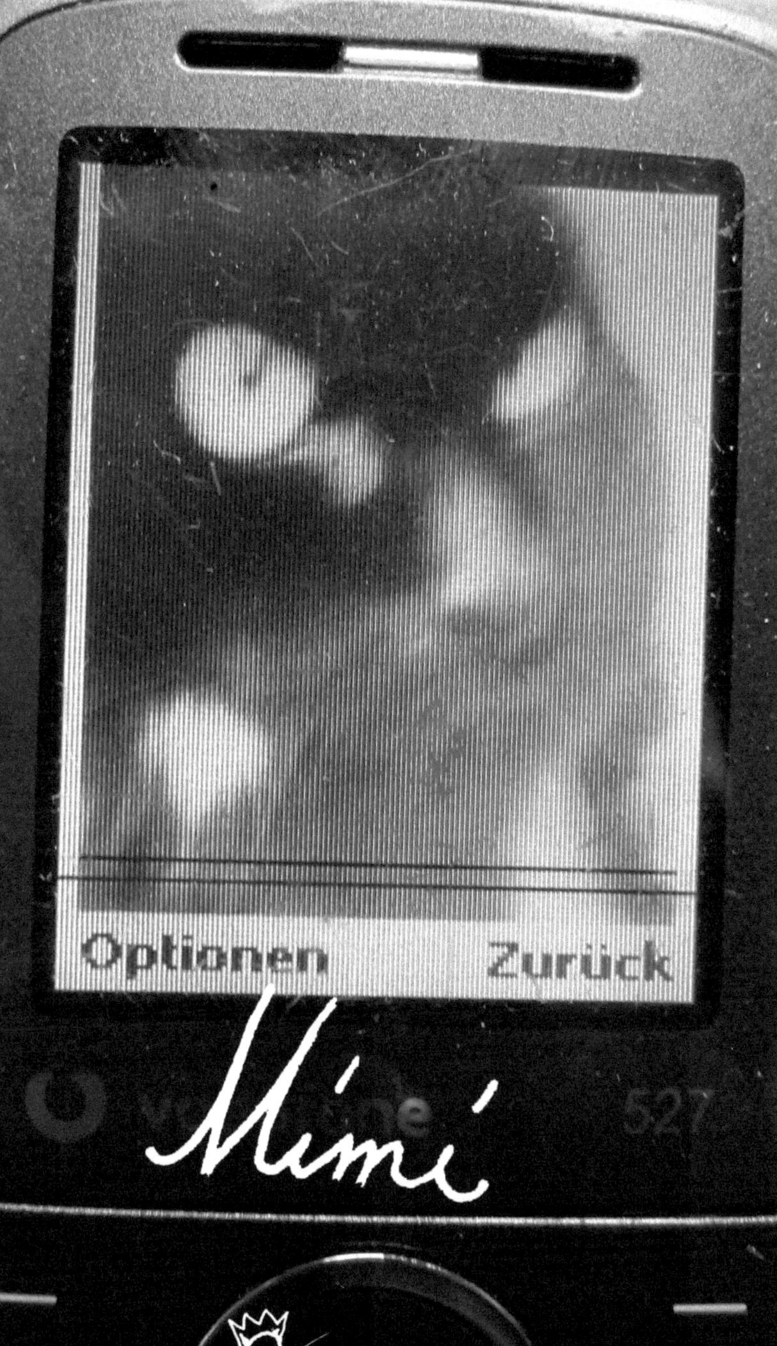
Optionen
Zurück
Mimi
527
Queens
galactic jokes berlin

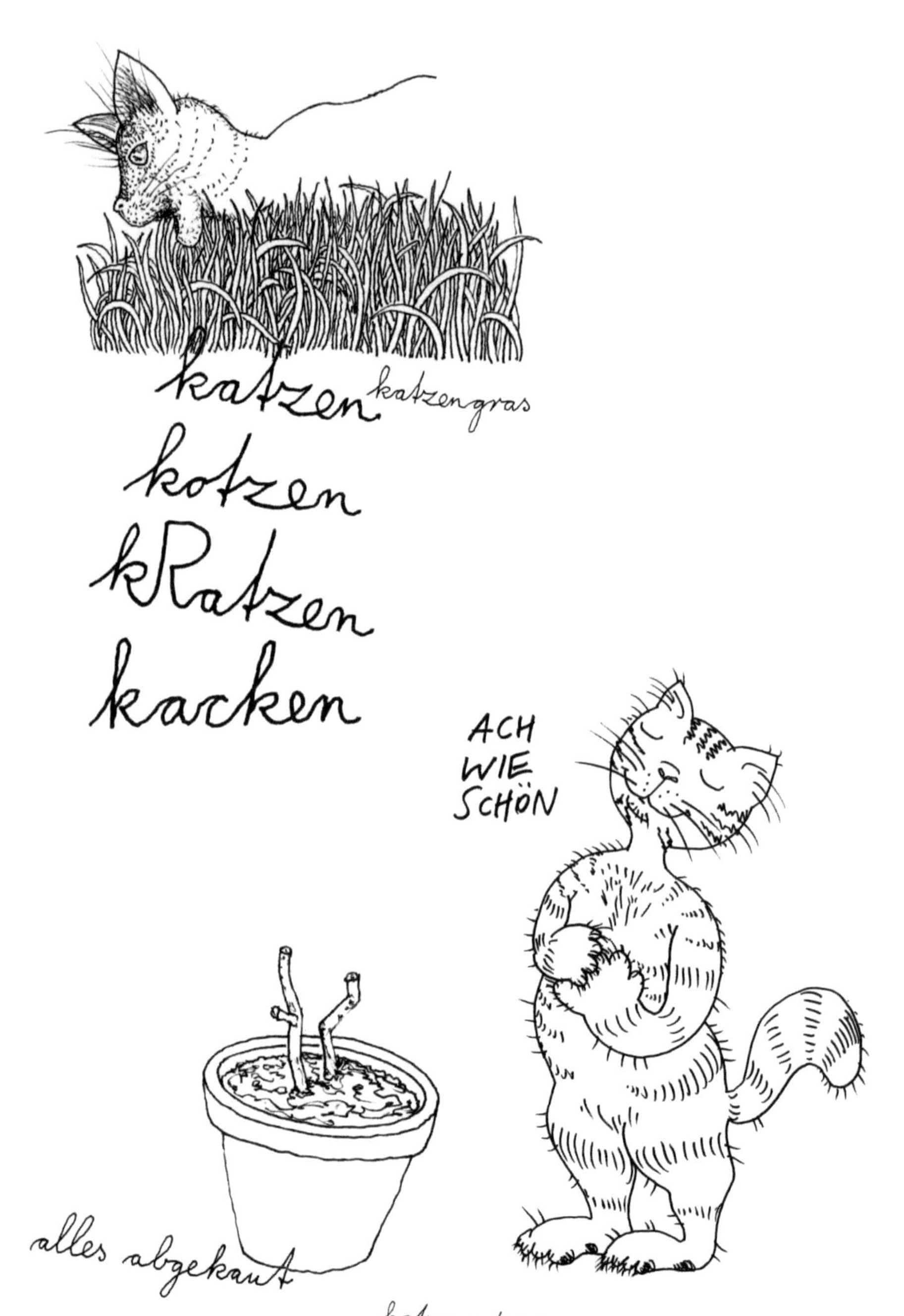
katzengras
katzen
kotzen
kRatzen
kacken
ACH
WIE
SCHÖN
alles abgekaut
katzenminze

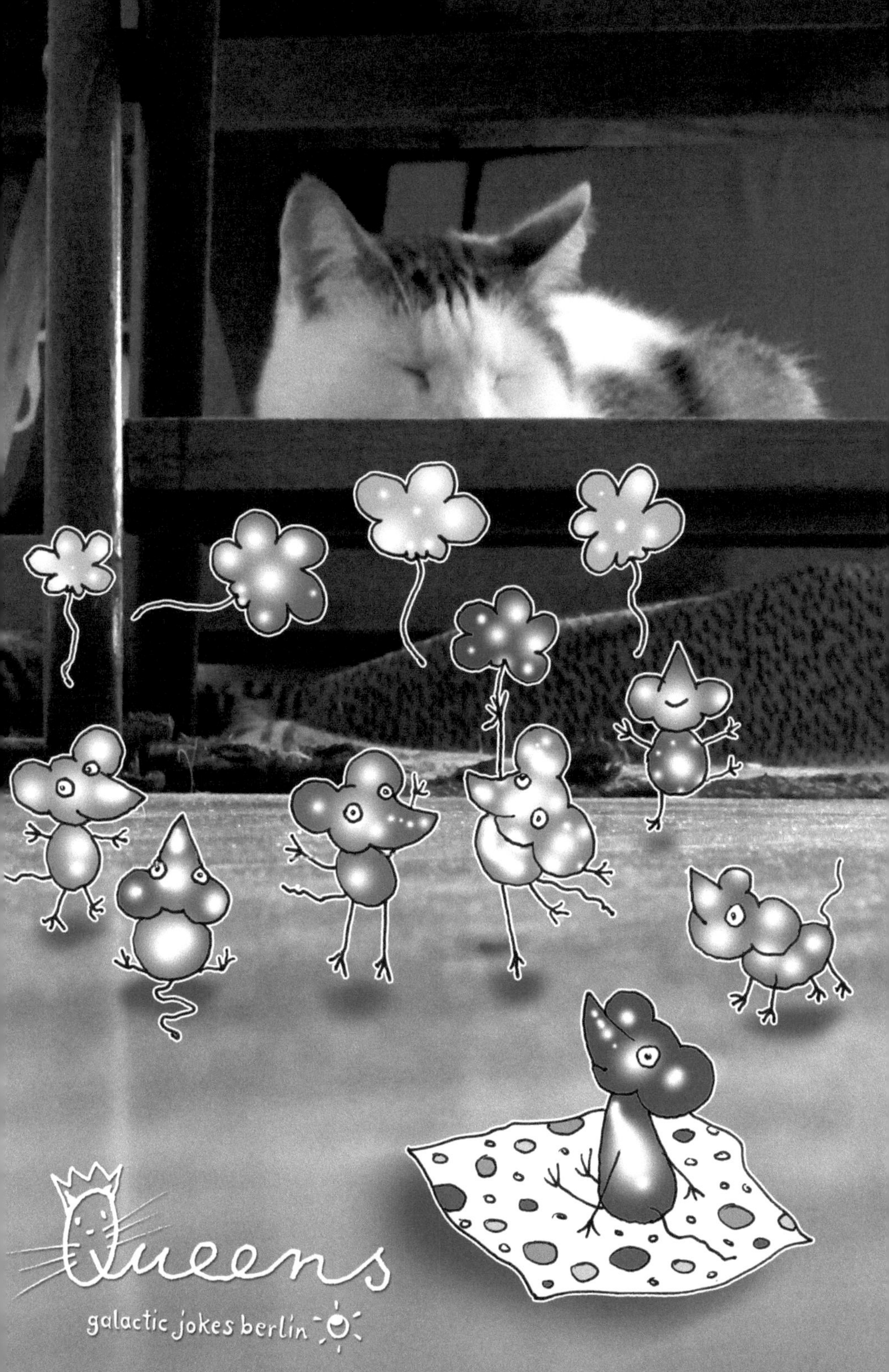
Queens
galactic jokes berlin

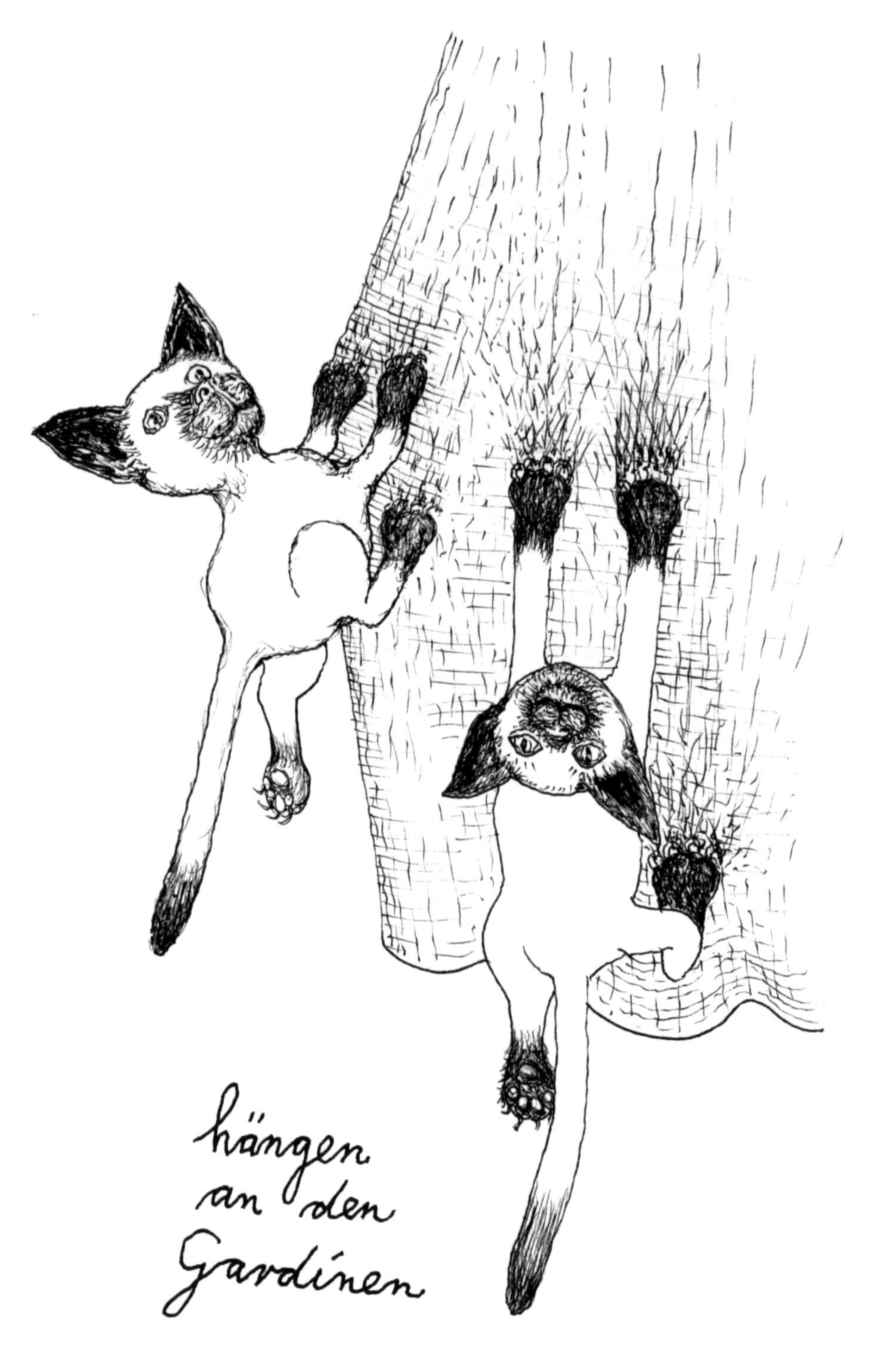

hängen
an den
Gardinen

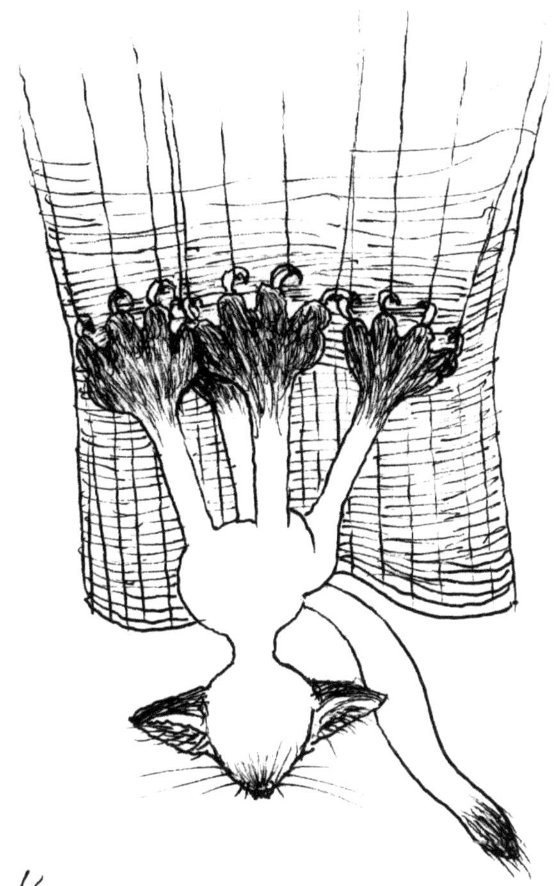

die
Kinder
von
Terente

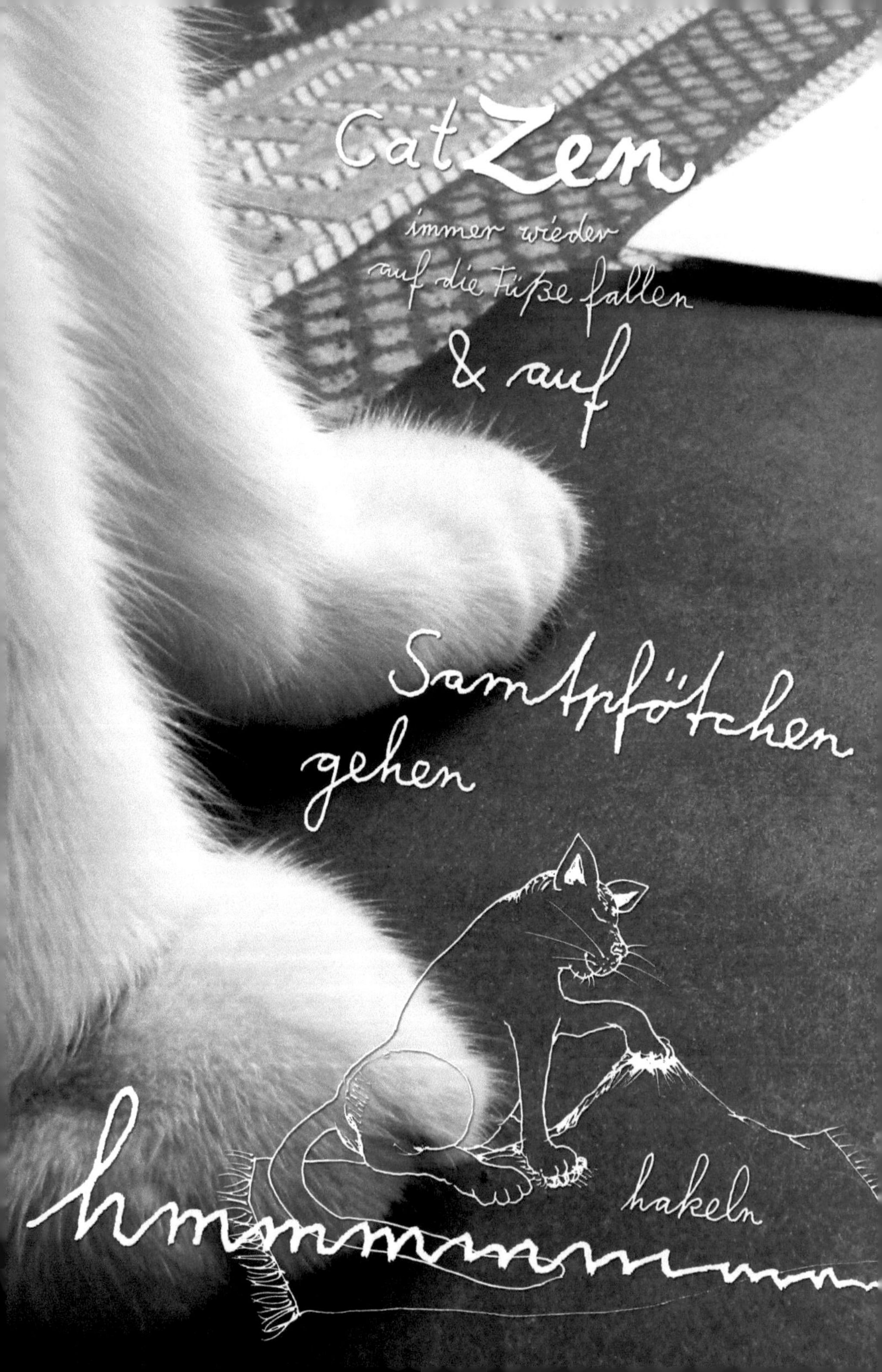

CatZen
immer wieder
auf die Füße fallen
& auf
Samtpfötchen
gehen
hmmmmmmmmmmm
häkeln

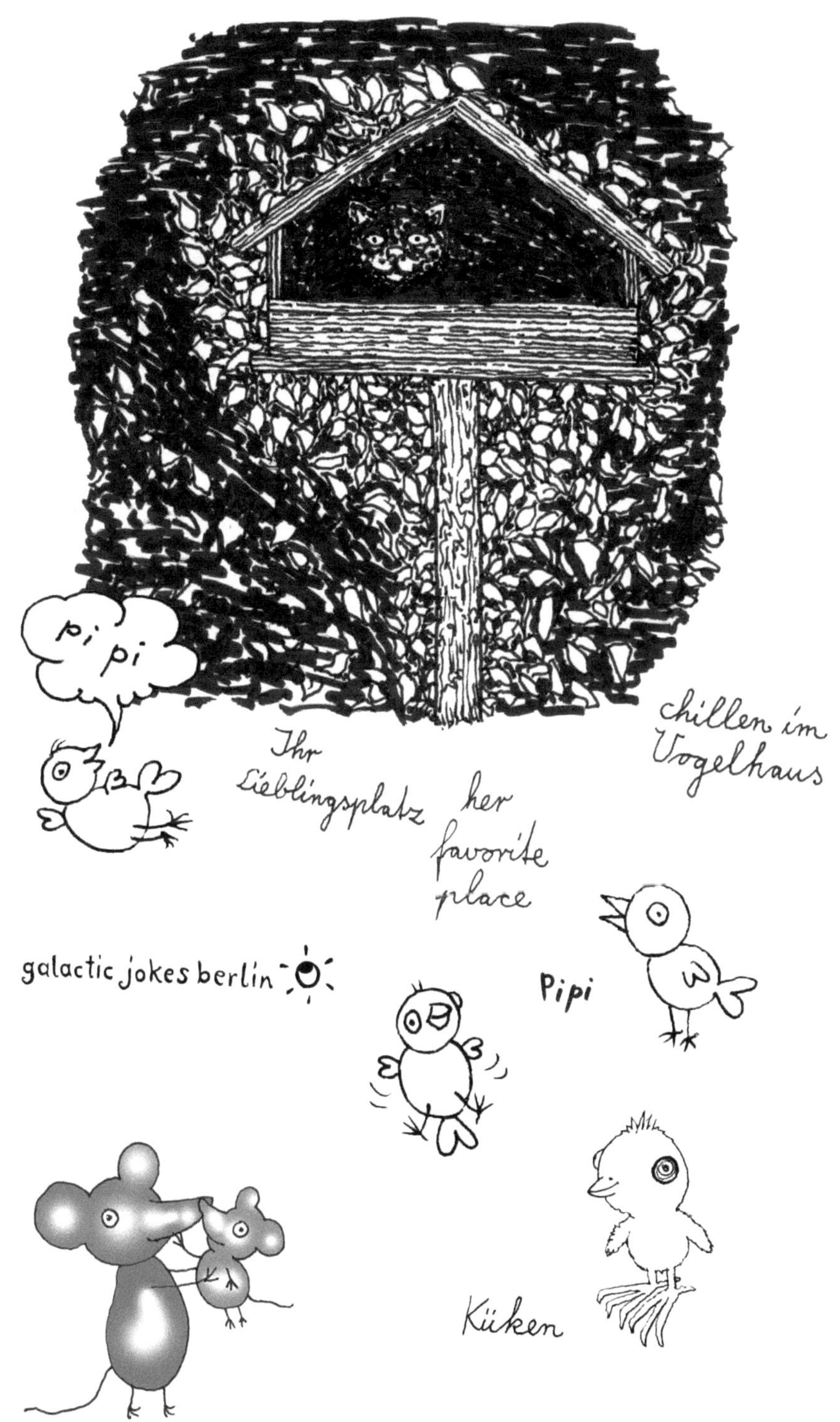

Pi pi
Ihr Lieblingsplatz
her favorite place
chillen im Vogelhaus
galactic jokes berlin
Pipi
Küken

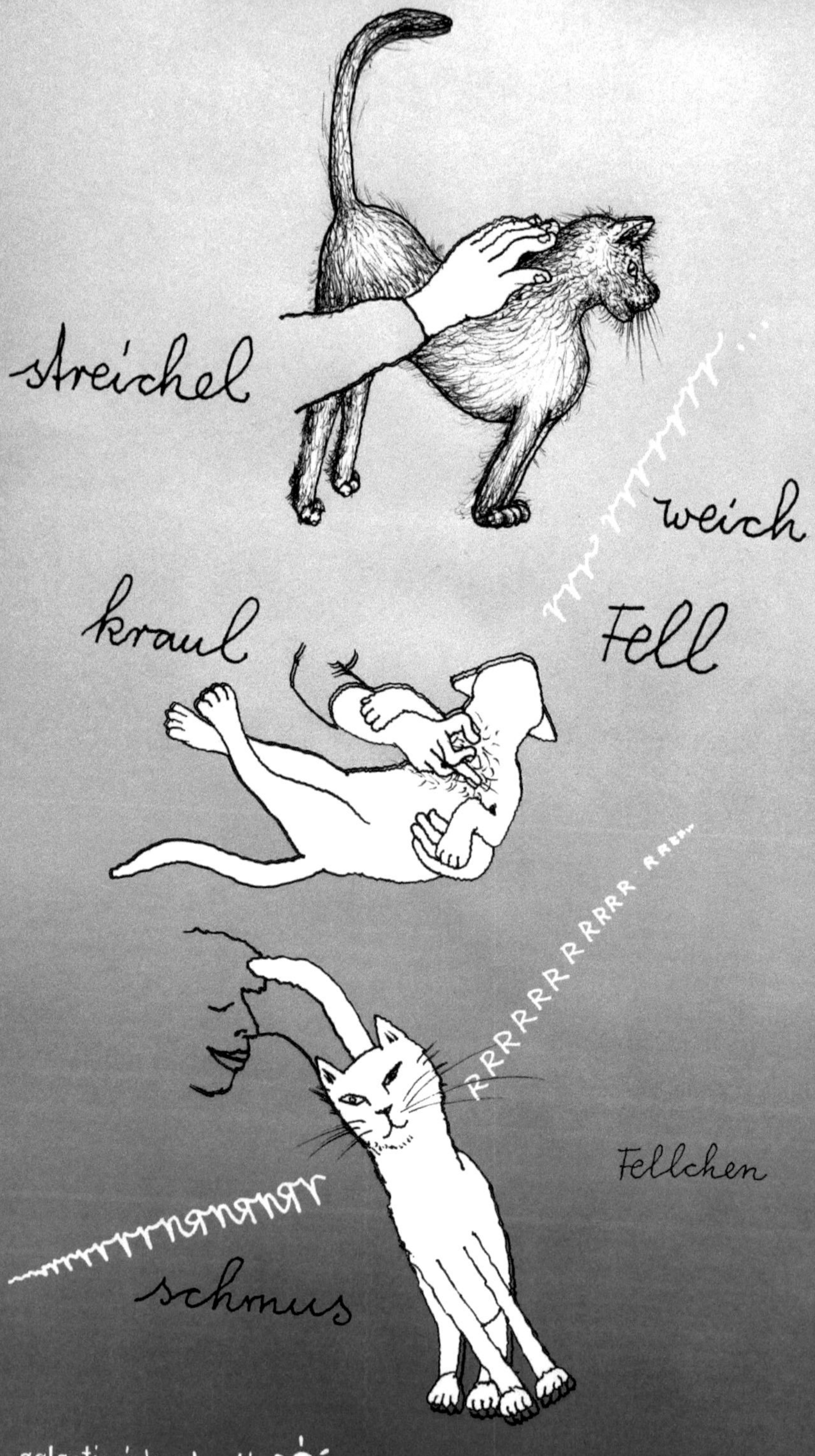

streichel
weich
Fell
kraul
Fellchen
schmus
galactic jokes berlin

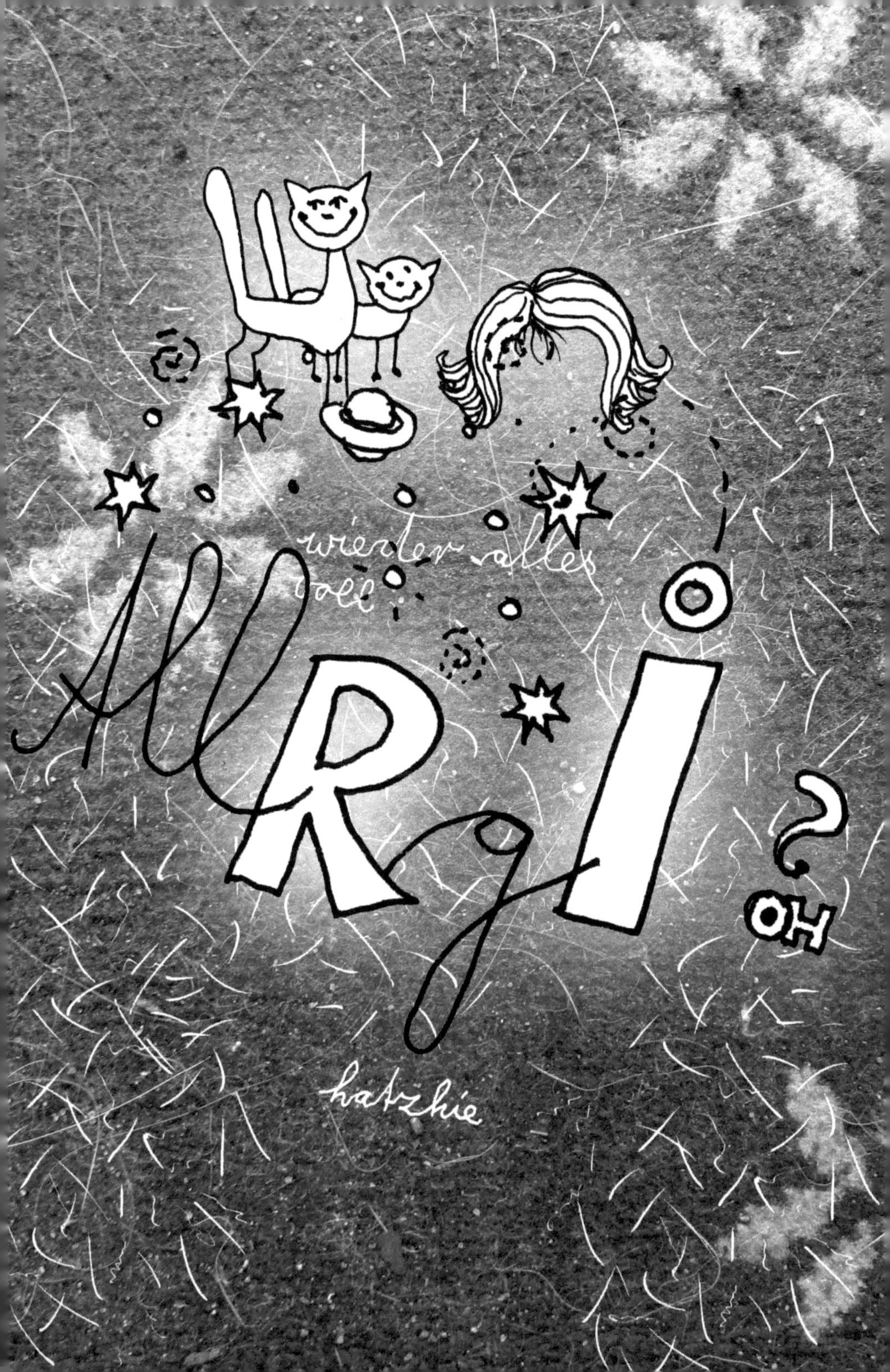

wieder alles voll
AllRgI?
OH
hatzhie

Nacktkatzen

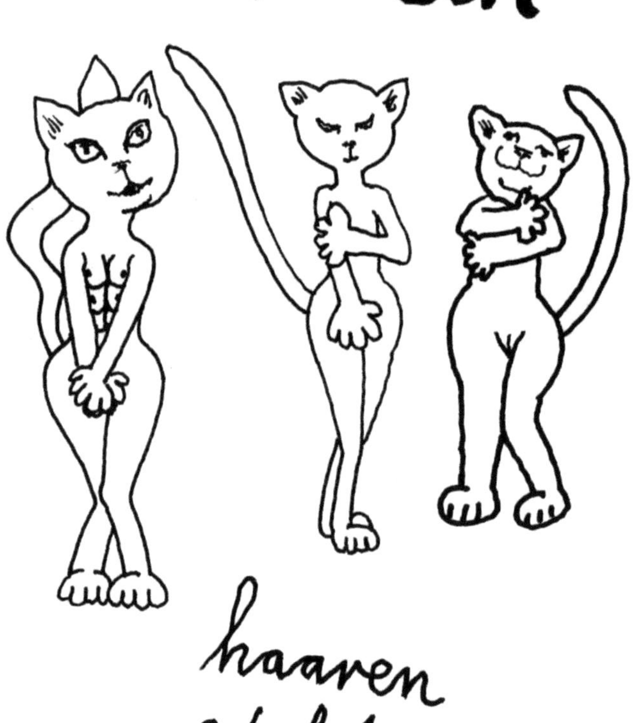

haaren
nicht

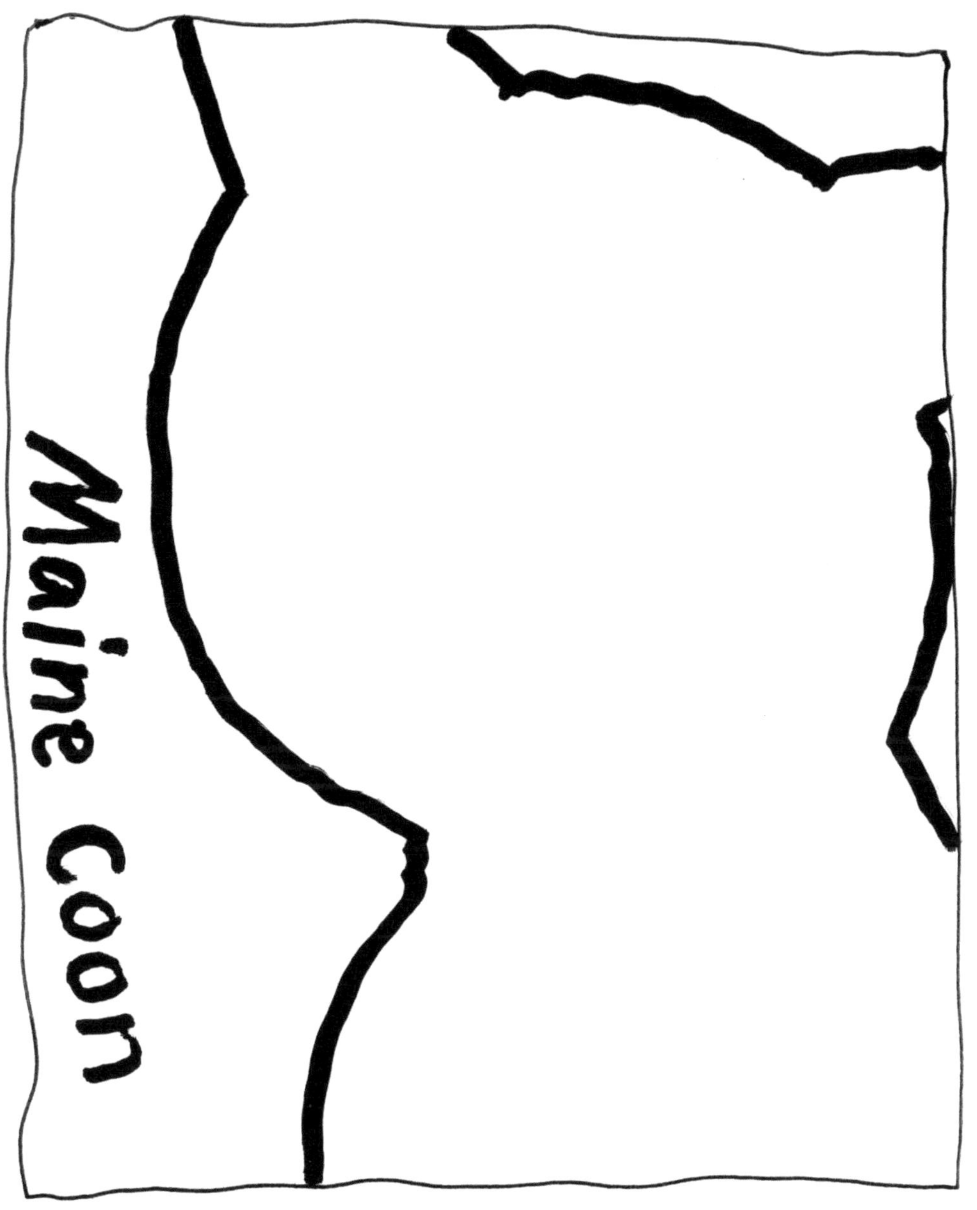

passt nicht aufs Bild

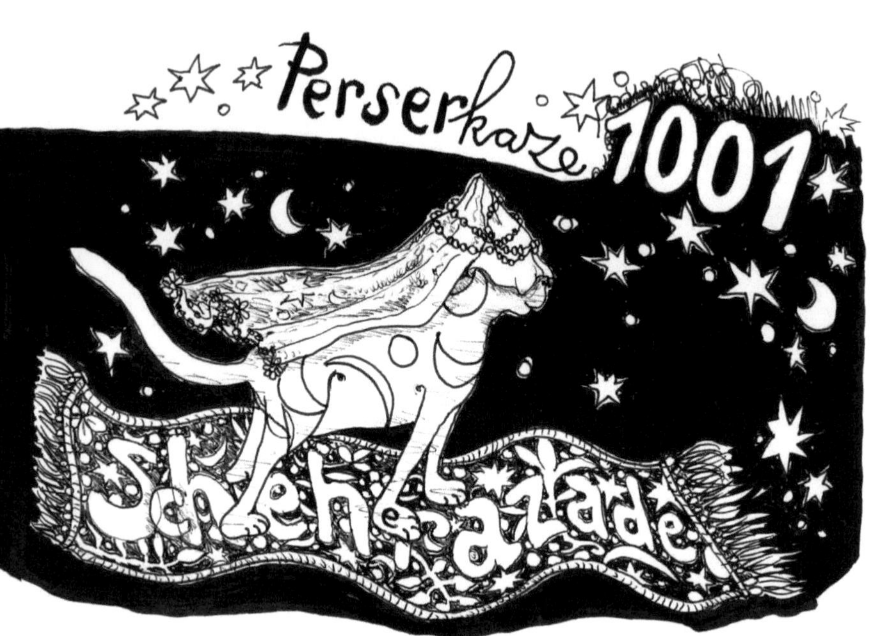

Perserkatze 1001
Scheherazade

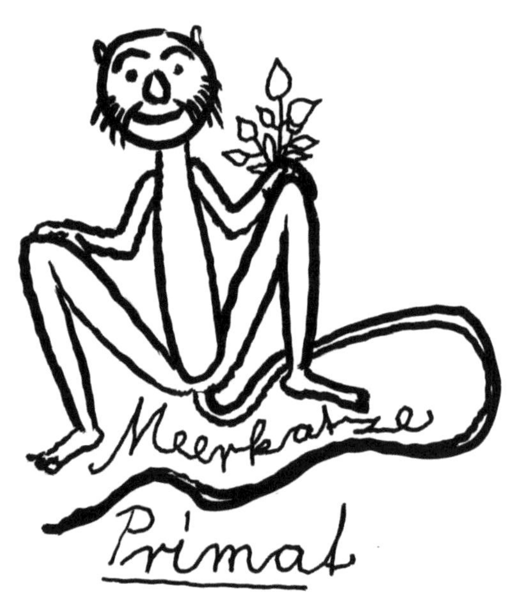

Meerkatze
Primat

тихий тихий
тихий тихий

кот сидит
у нас кры́ше

leise leise leise leise
der Kater sitzt
auf dem Dach

tische tische
tische tische
Kot sidit
u nas Krische

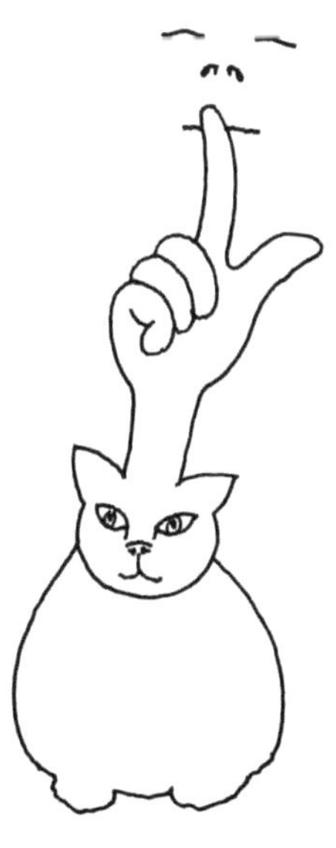

Ein **Hund** hat einen Herren,
eine **Katze** hat Personal.

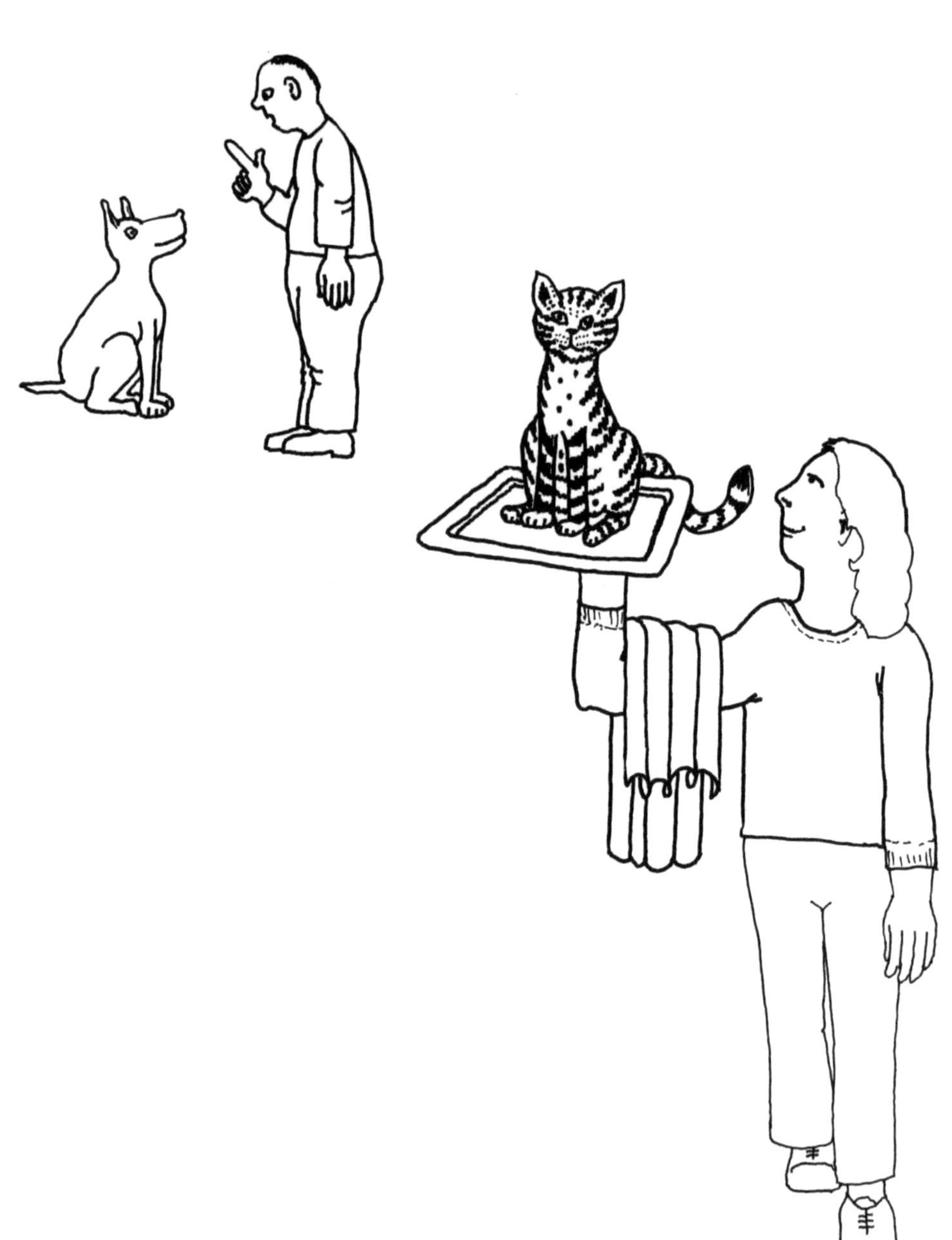

katstriert ?

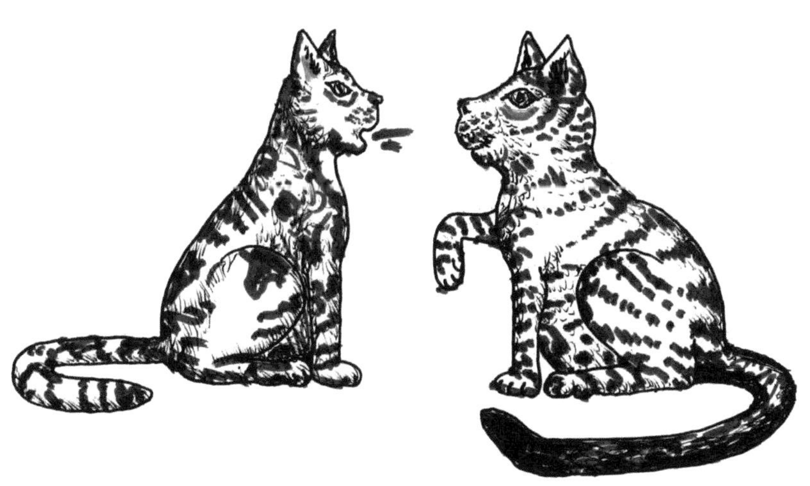

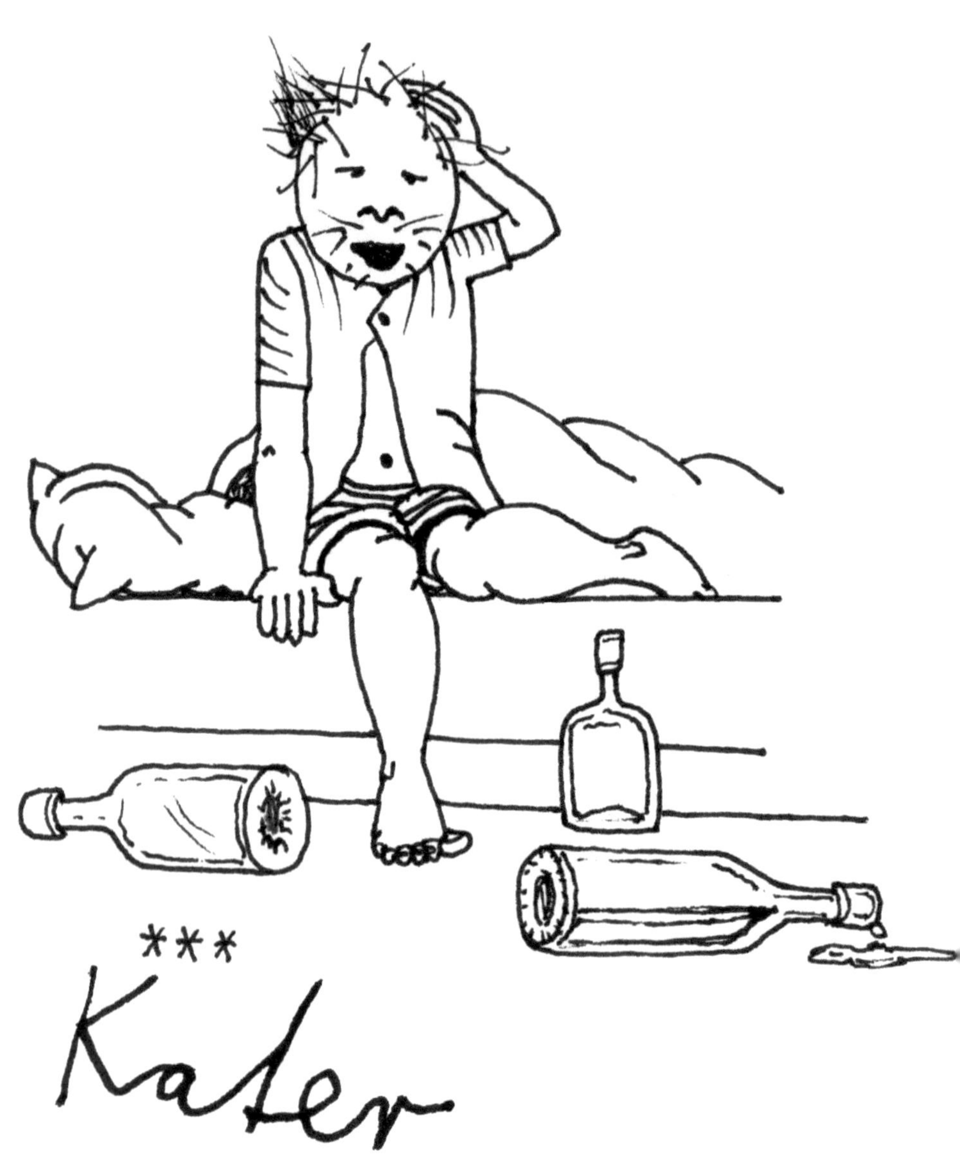

***

Kater

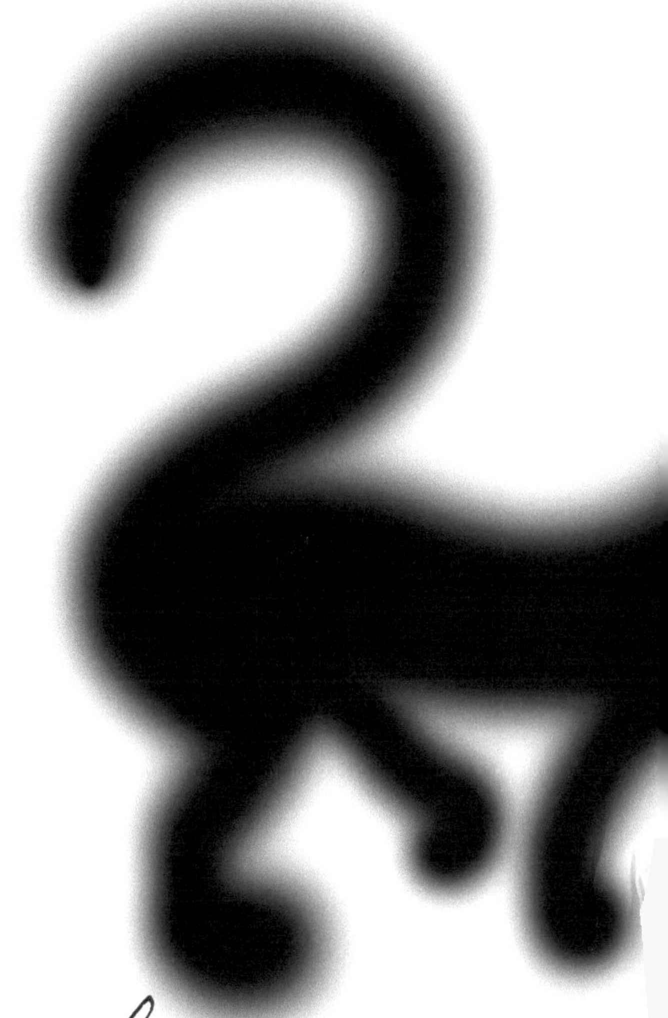
Katze von links nach rechts
cata!
I understand.
I'm sorry for this.

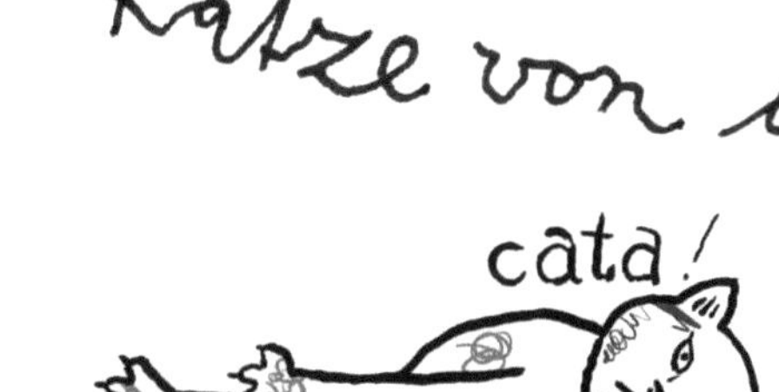

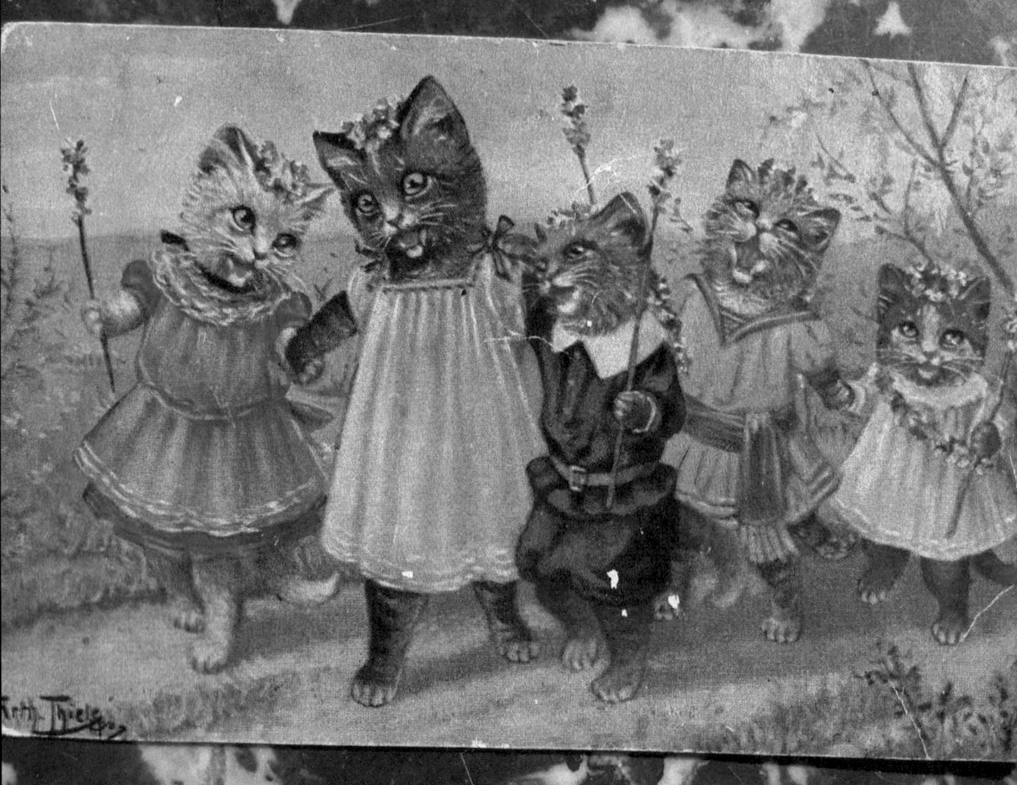

Katzen-Kartengruß an ein Kind 1920

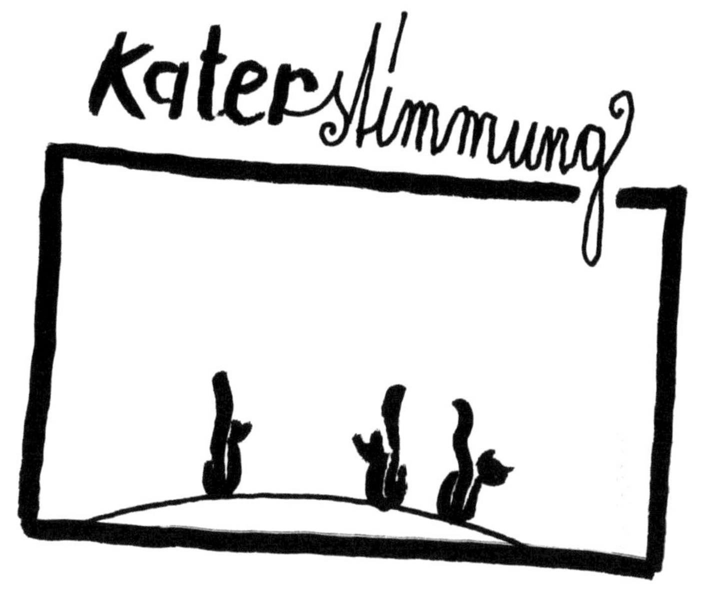

Katerstimmung

Katafrühstück

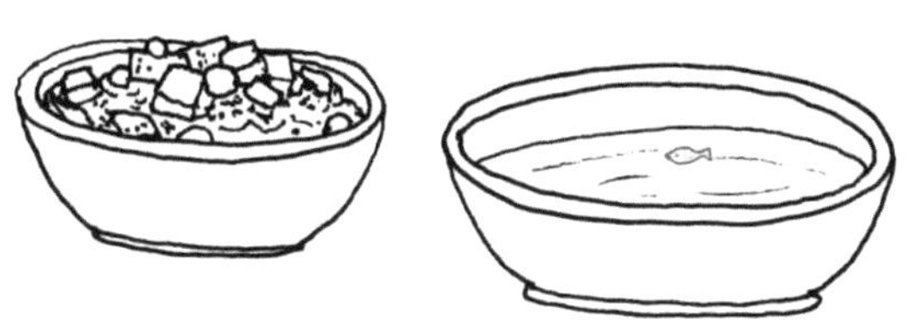

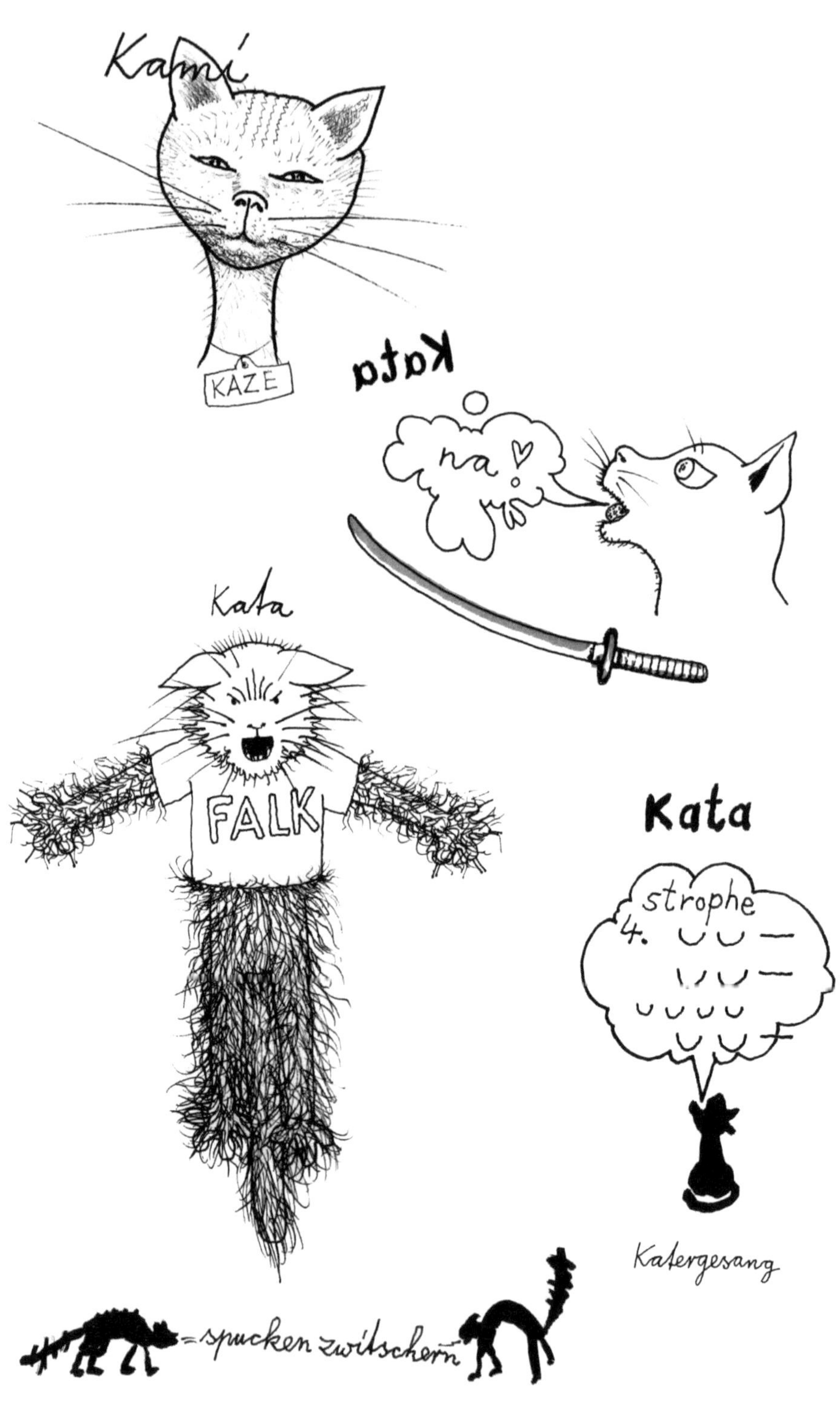

Kami
KAZE
Kata
na
Kata
FALK
Kata
strophe
4.
Katergesang
= spucken zwitschern

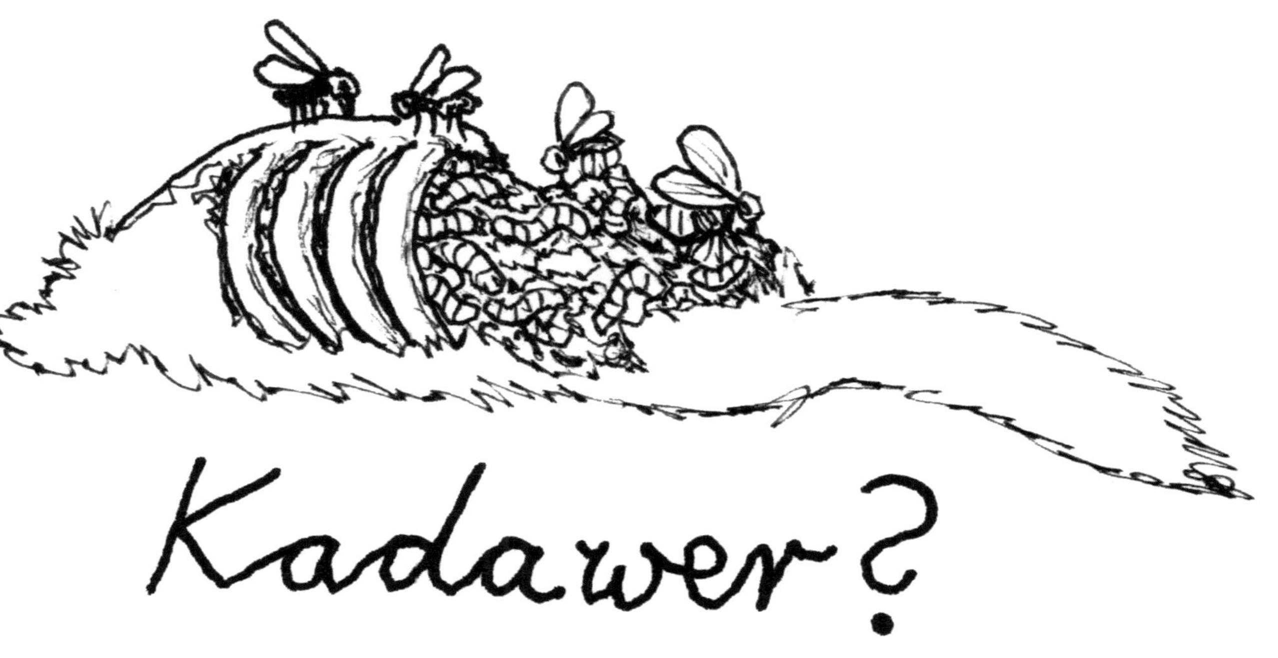
Kadawer?

sowas darf man nich !
queens
galactic jokes berlin
Das ist Charly
er ist eigentlich
ein King.

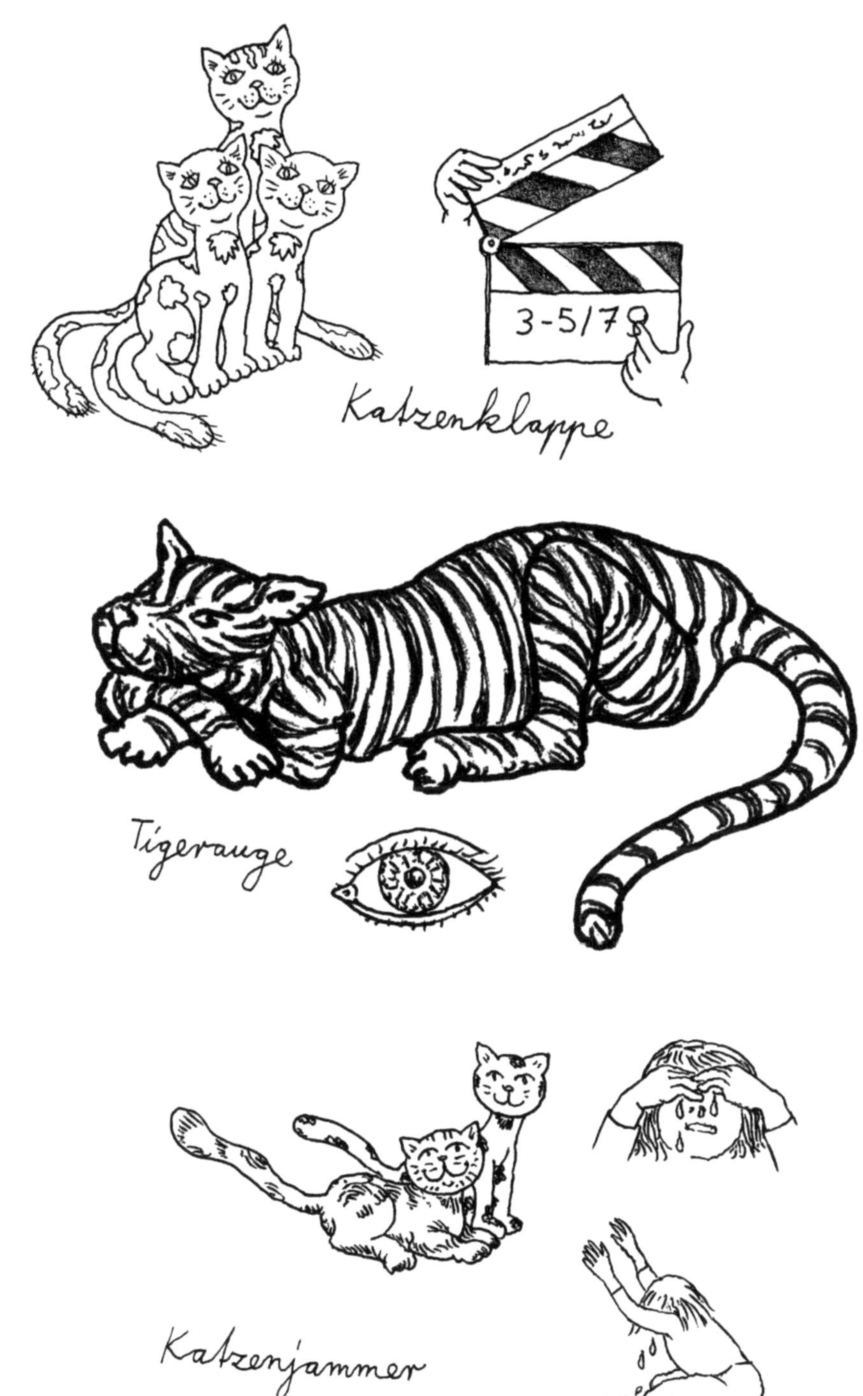

Katzenklappe
3-5/7
Tigerauge
Katzenjammer

KAT ode an die Freude

Kaminzki

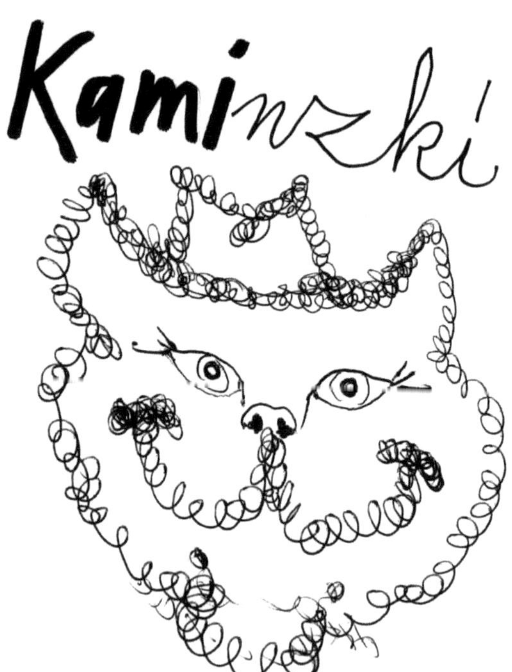

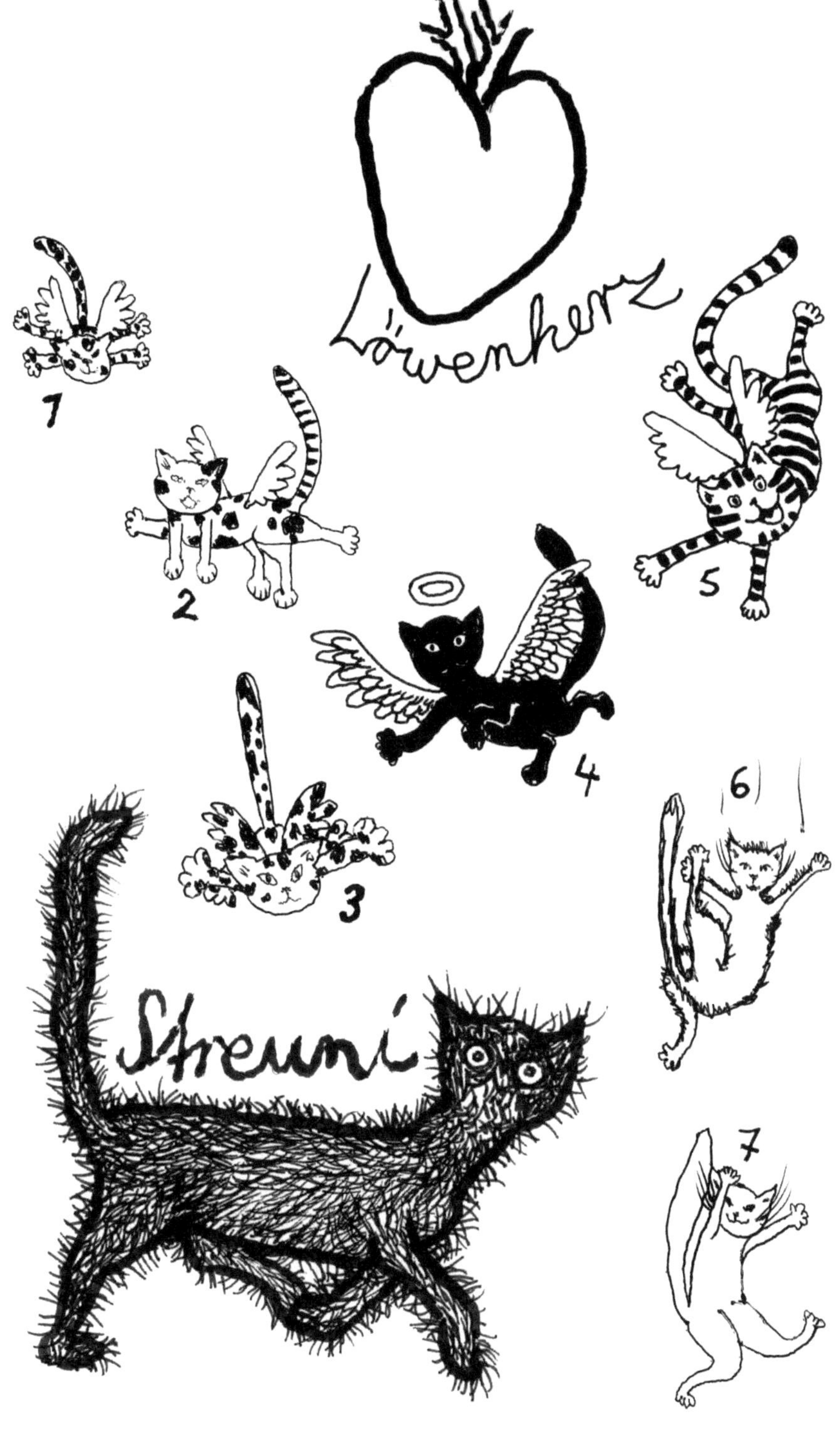

Löwenherz
1
2
3
4
5
6
7
Streuni

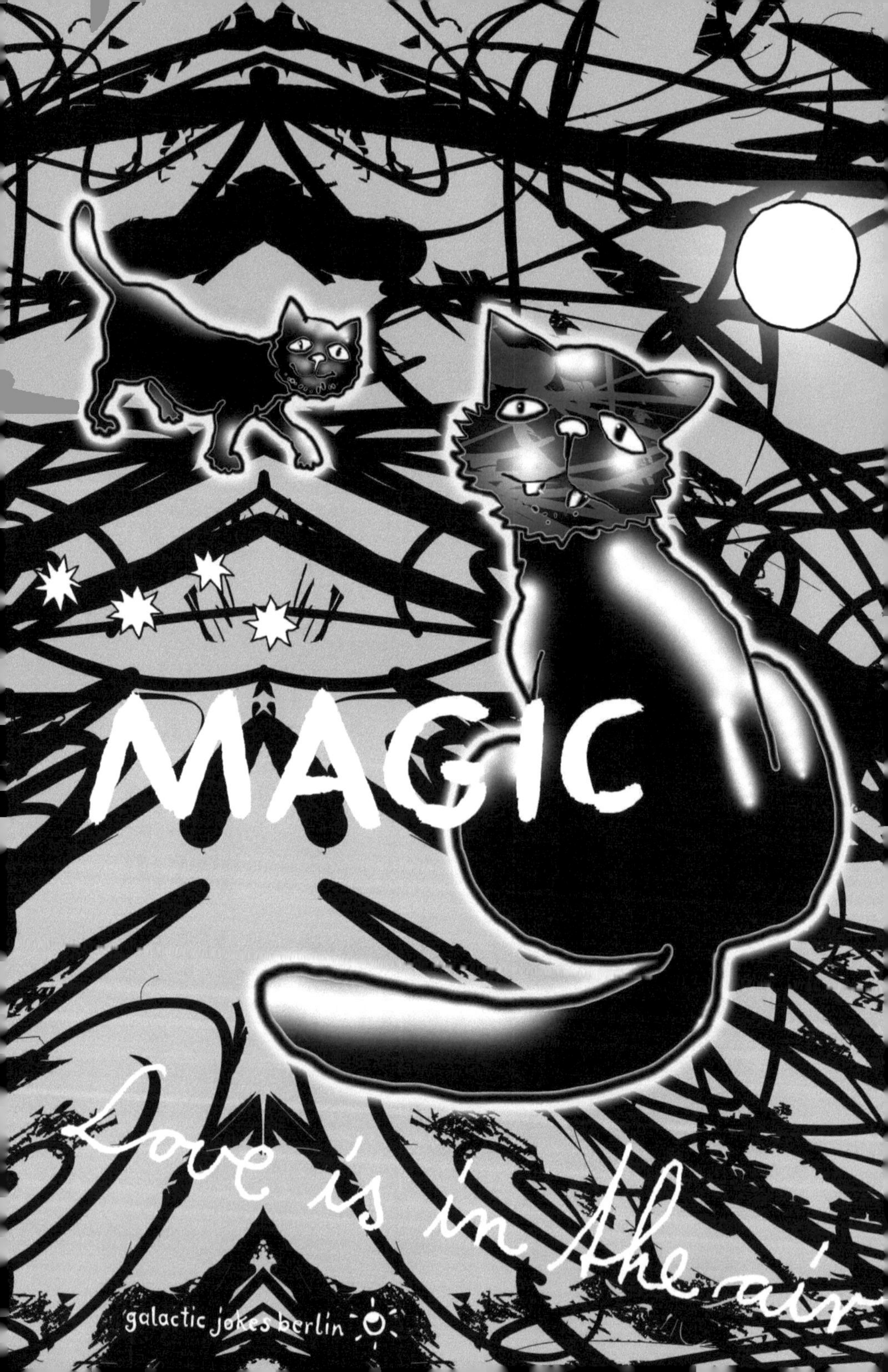

MAGIC
Love is in the air
galactic jokes berlin

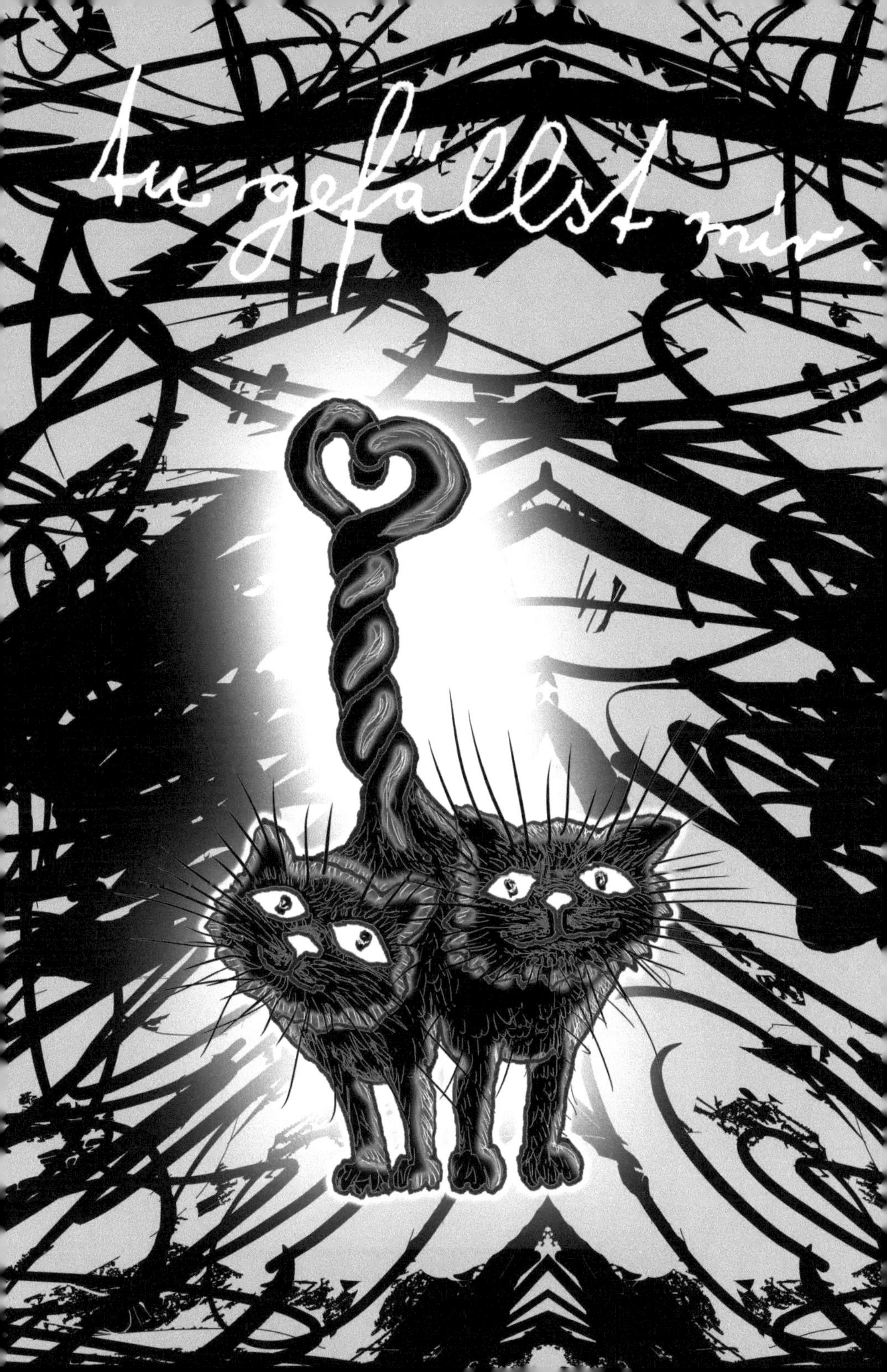

du gefällst mir.

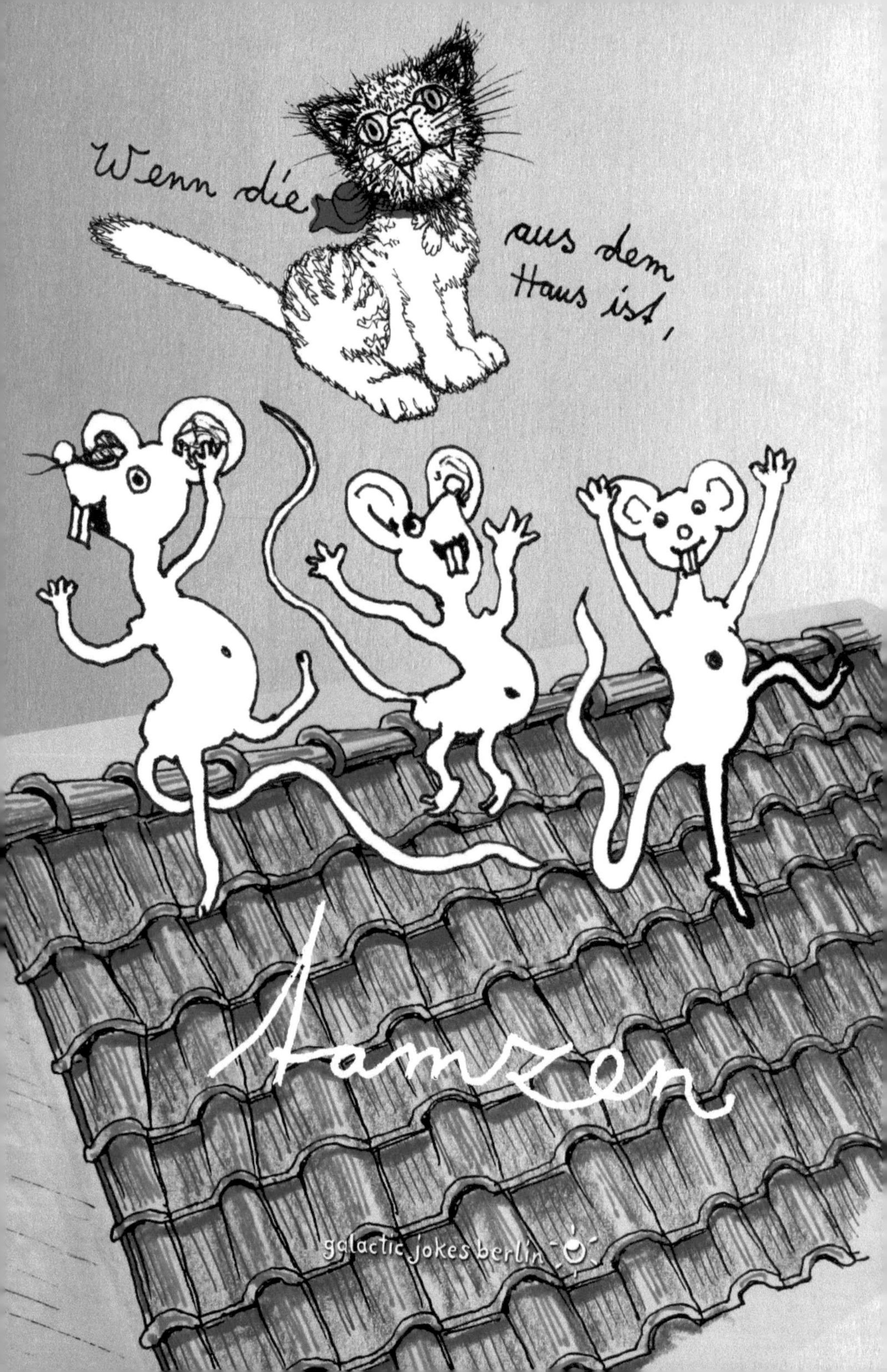

Wenn die
aus dem Haus ist,
tanzen
galactic jokes berlin

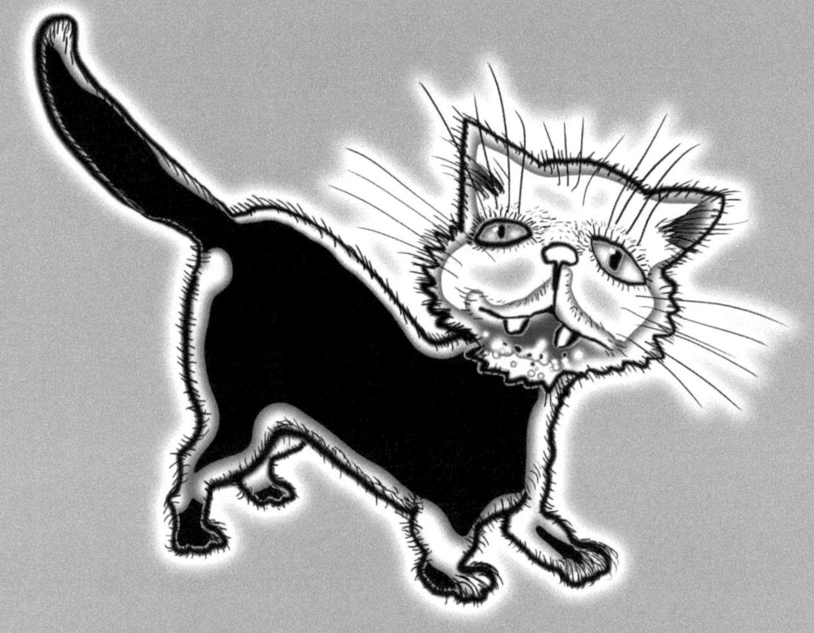

Wenn die Maus
frech zur Katze wird,
ist bestimmt ein Loch
in der Nähe.

SMAK

galactic jokes berlin

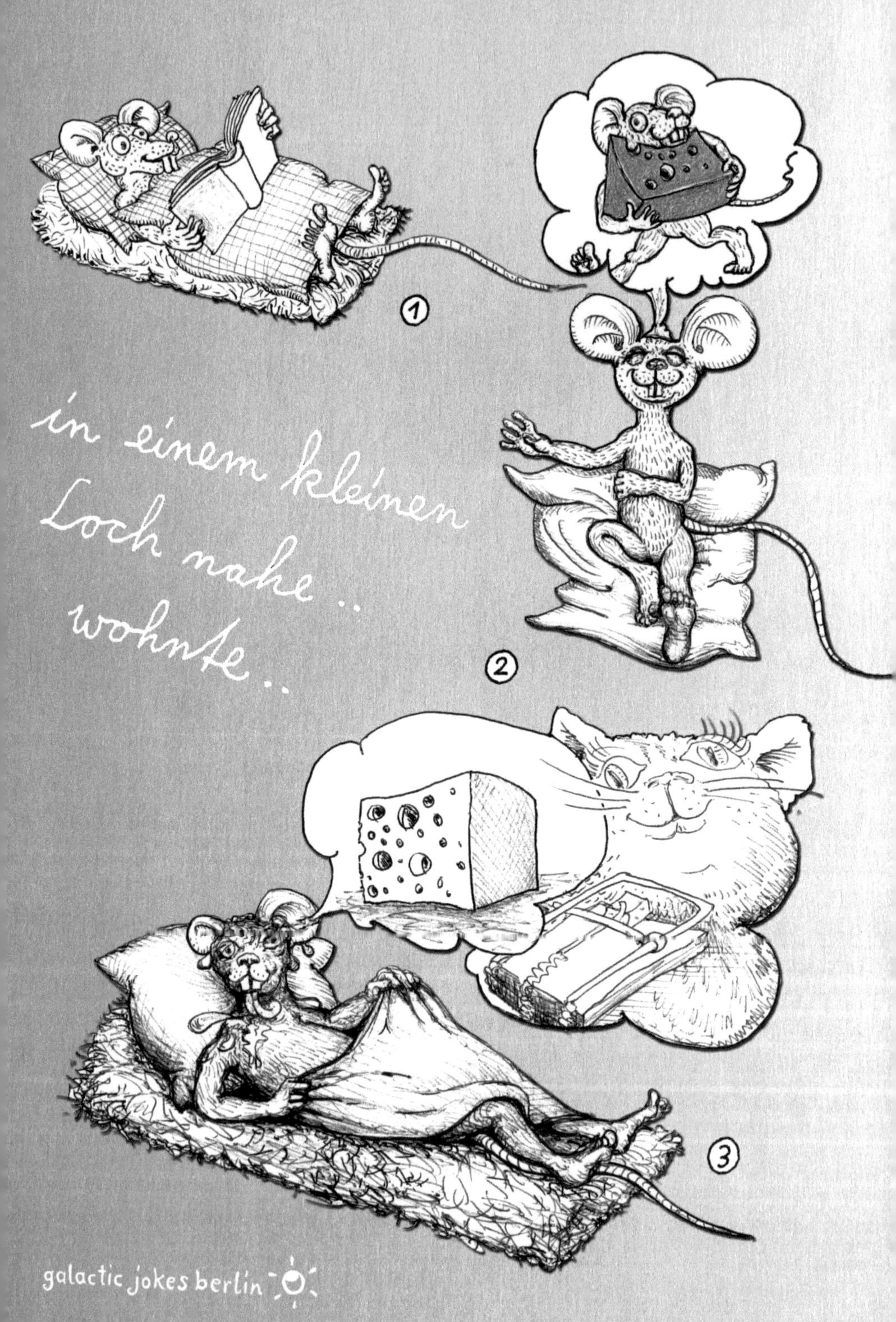
in einem kleinen
Loch nahe ..
wohnte ..
galactic jokes berlin

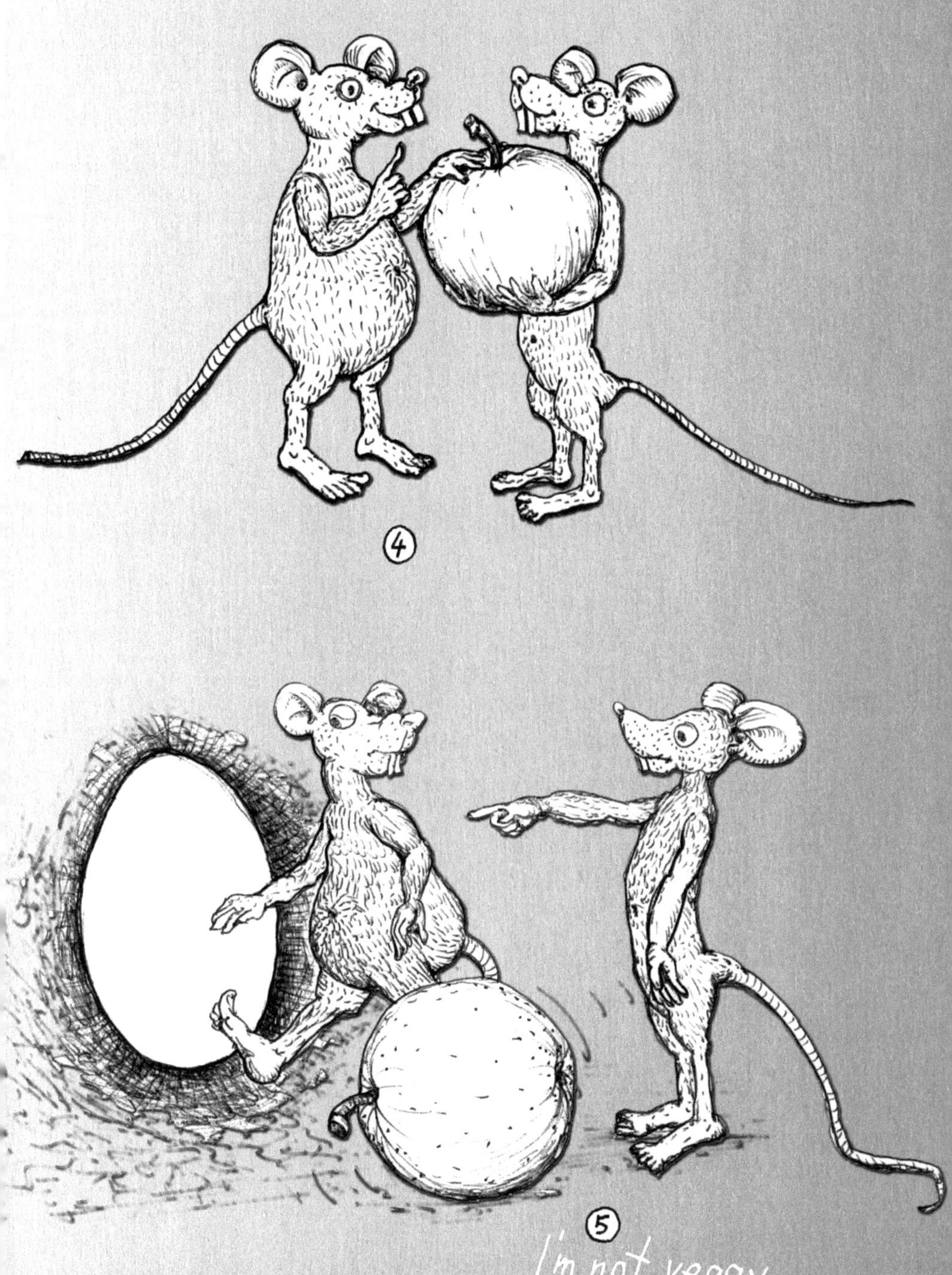

④

⑤

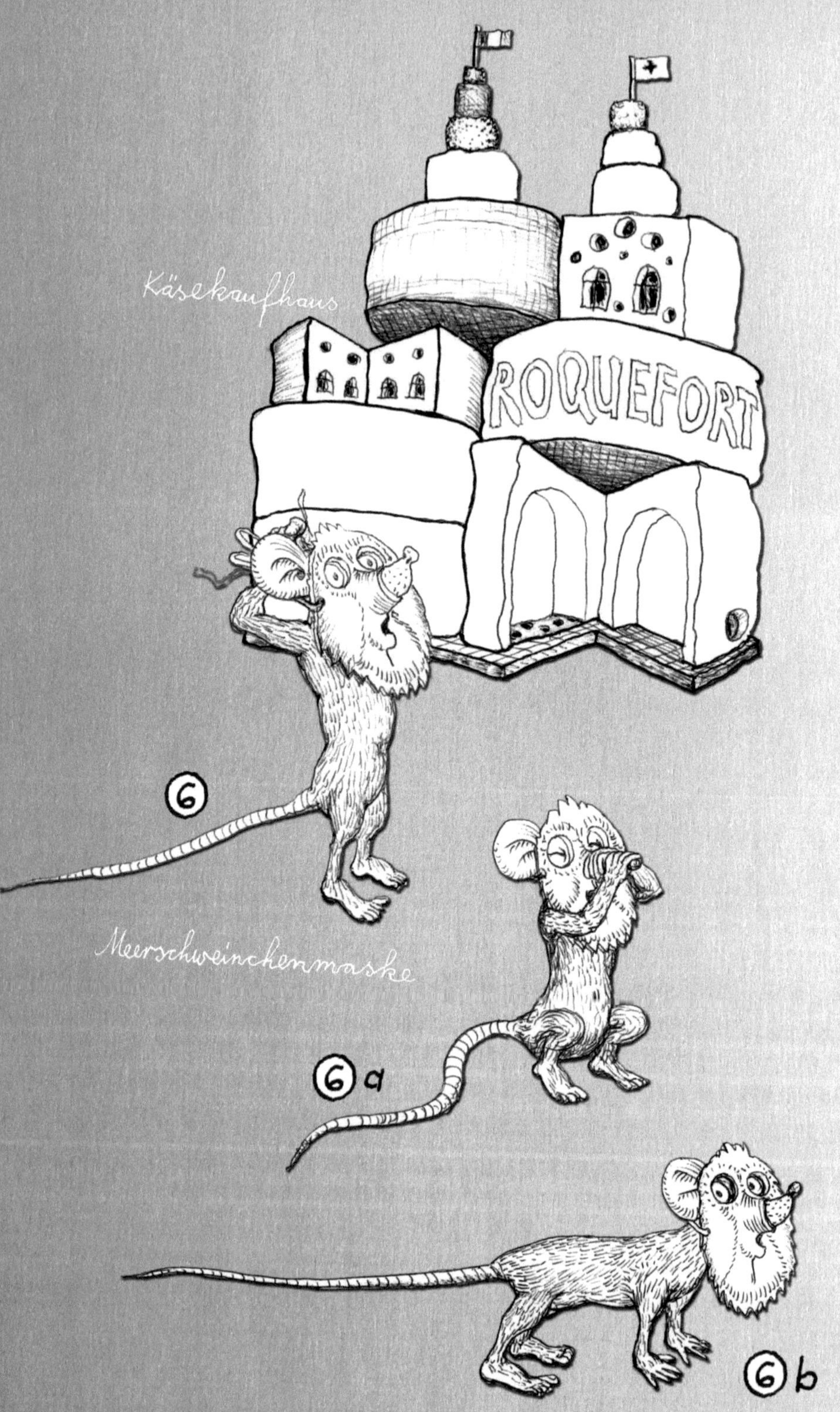

Käsekaufhaus
ROQUEFORT
Meerschweinchenmaske
6
6 a
6 b

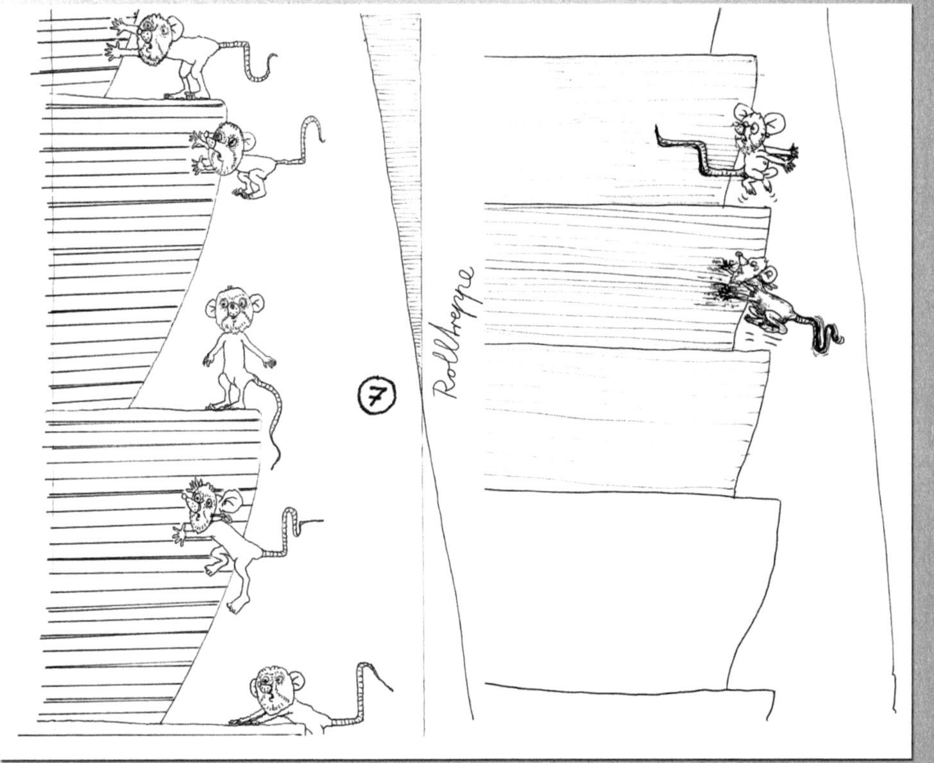

⑦

⑧

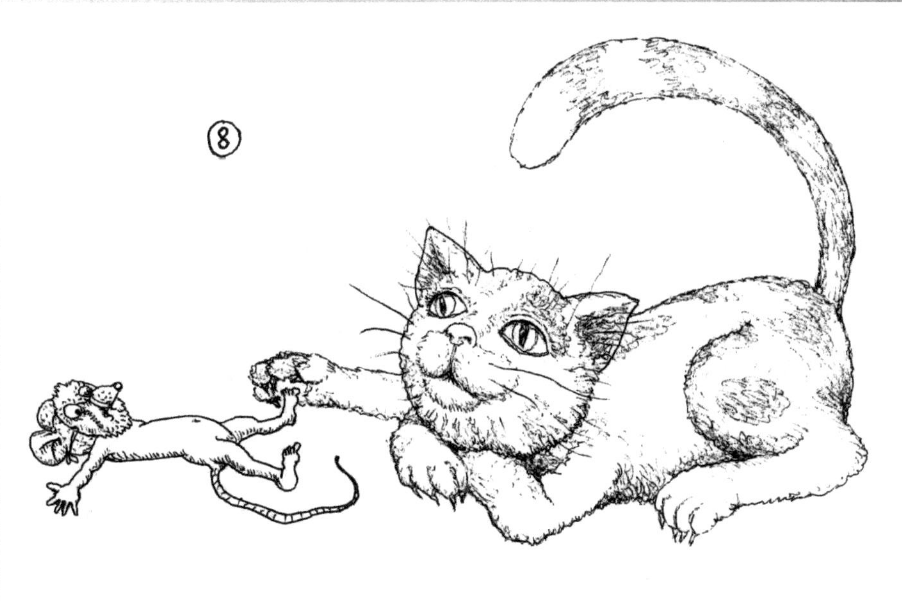

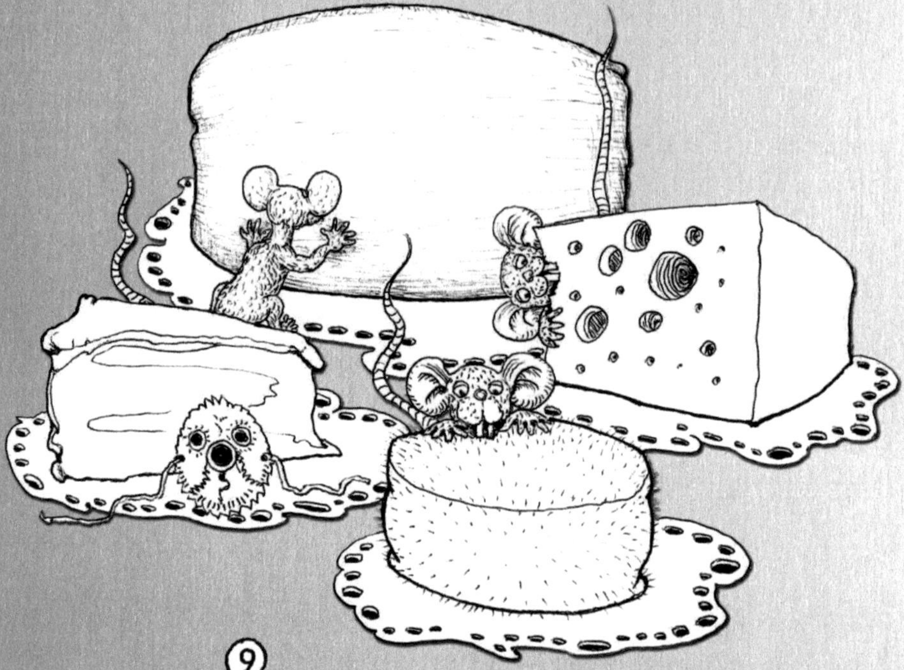

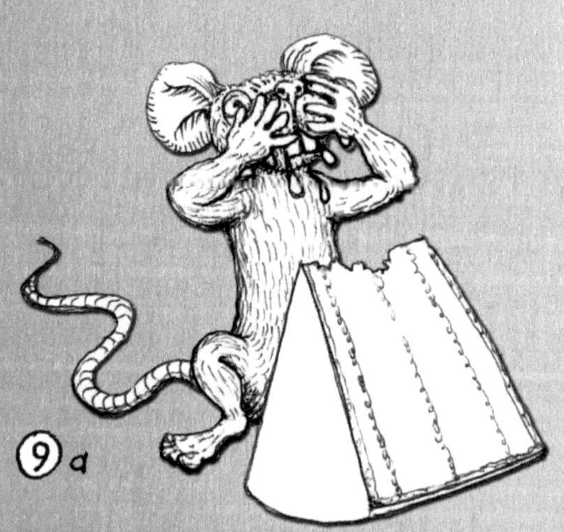

9

9a

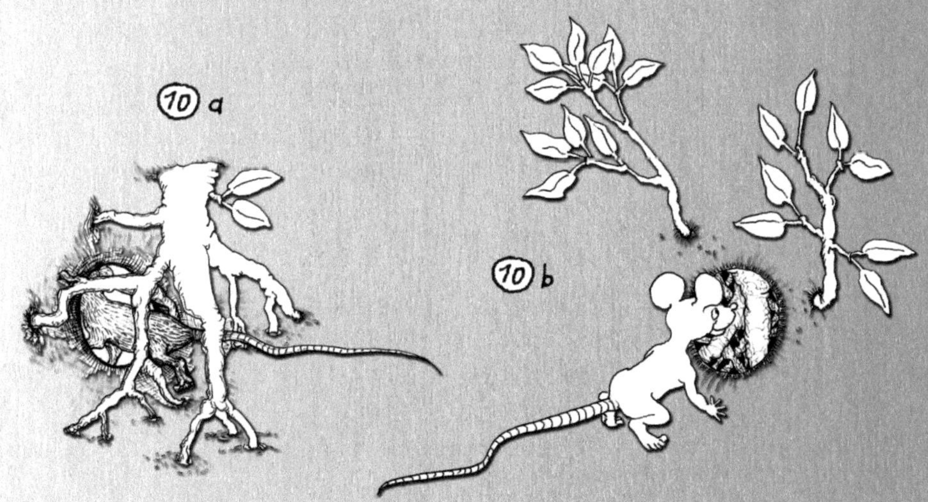

10 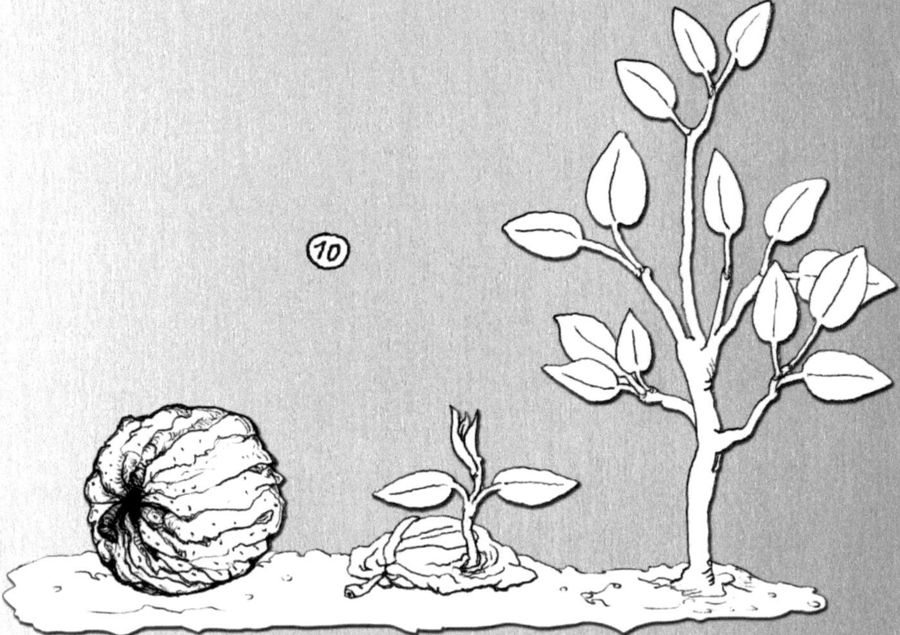
10 a
10 b
It's your choice

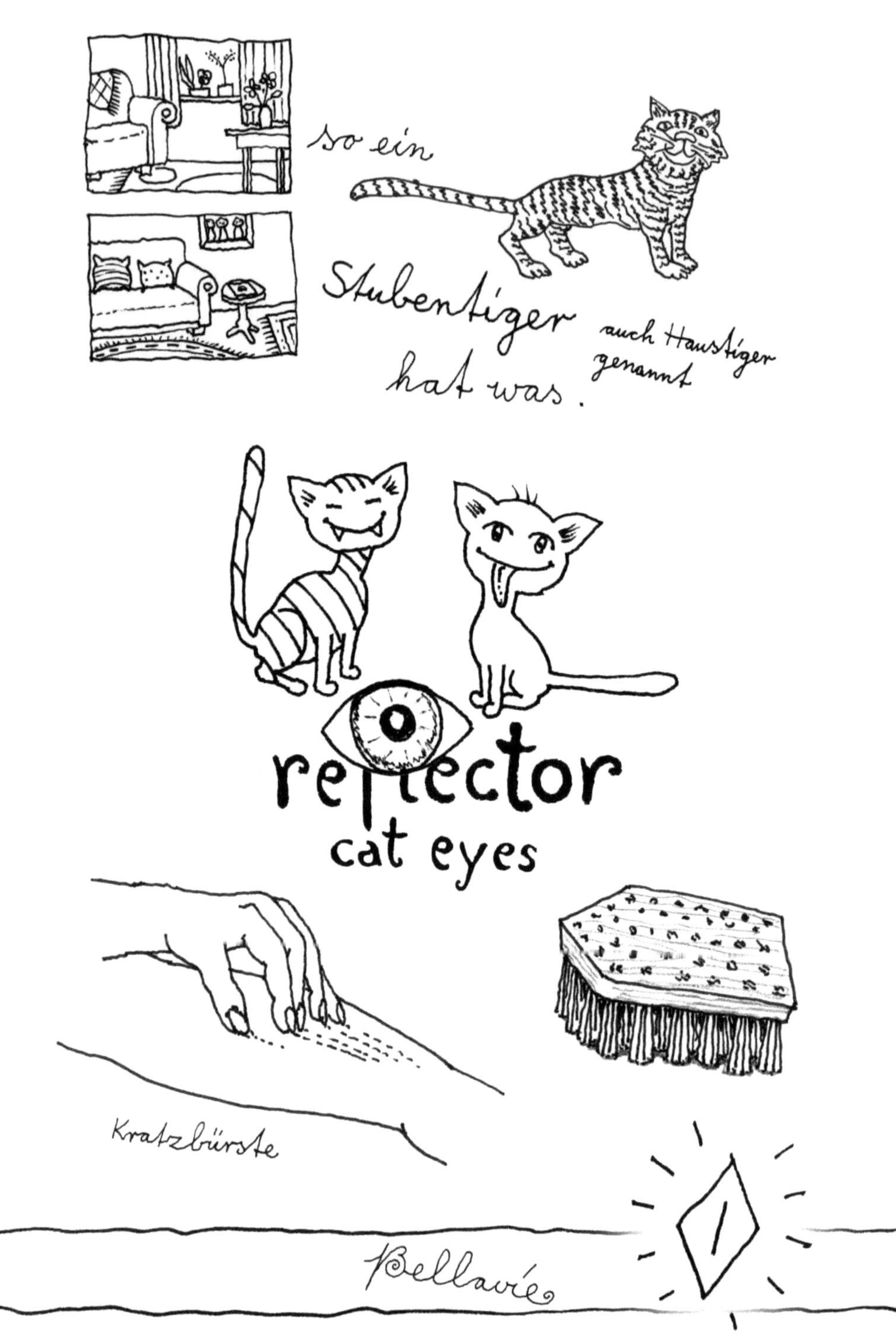

so ein
Stubentiger
hat was .
auch Haustiger
genannt
reflector
cat eyes
Kratzbürste
Bellavie

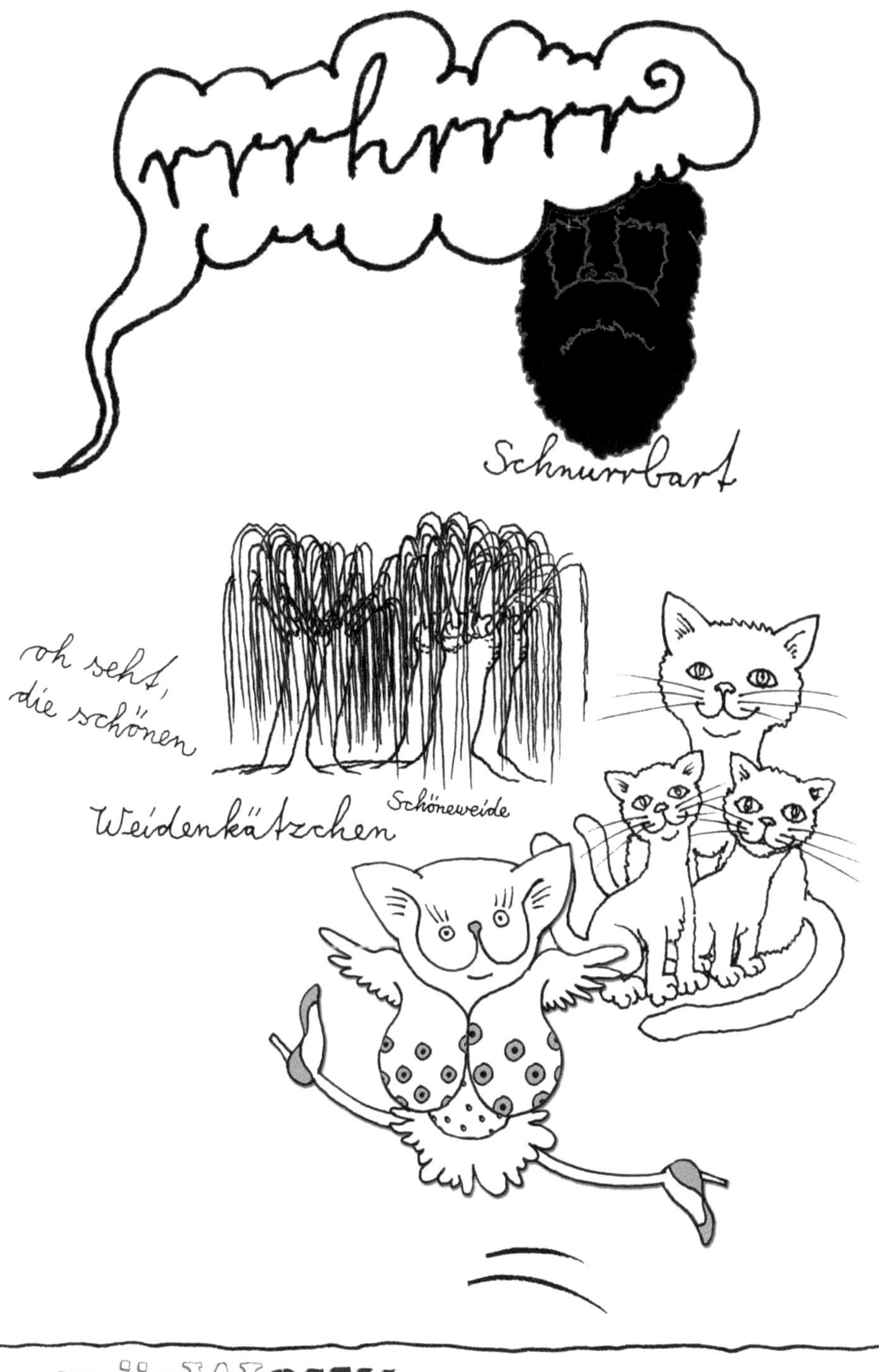

Schnurrbart
oh seht,
die schönen
Schöneweide
Weidenkätzchen

KÄTWOHK

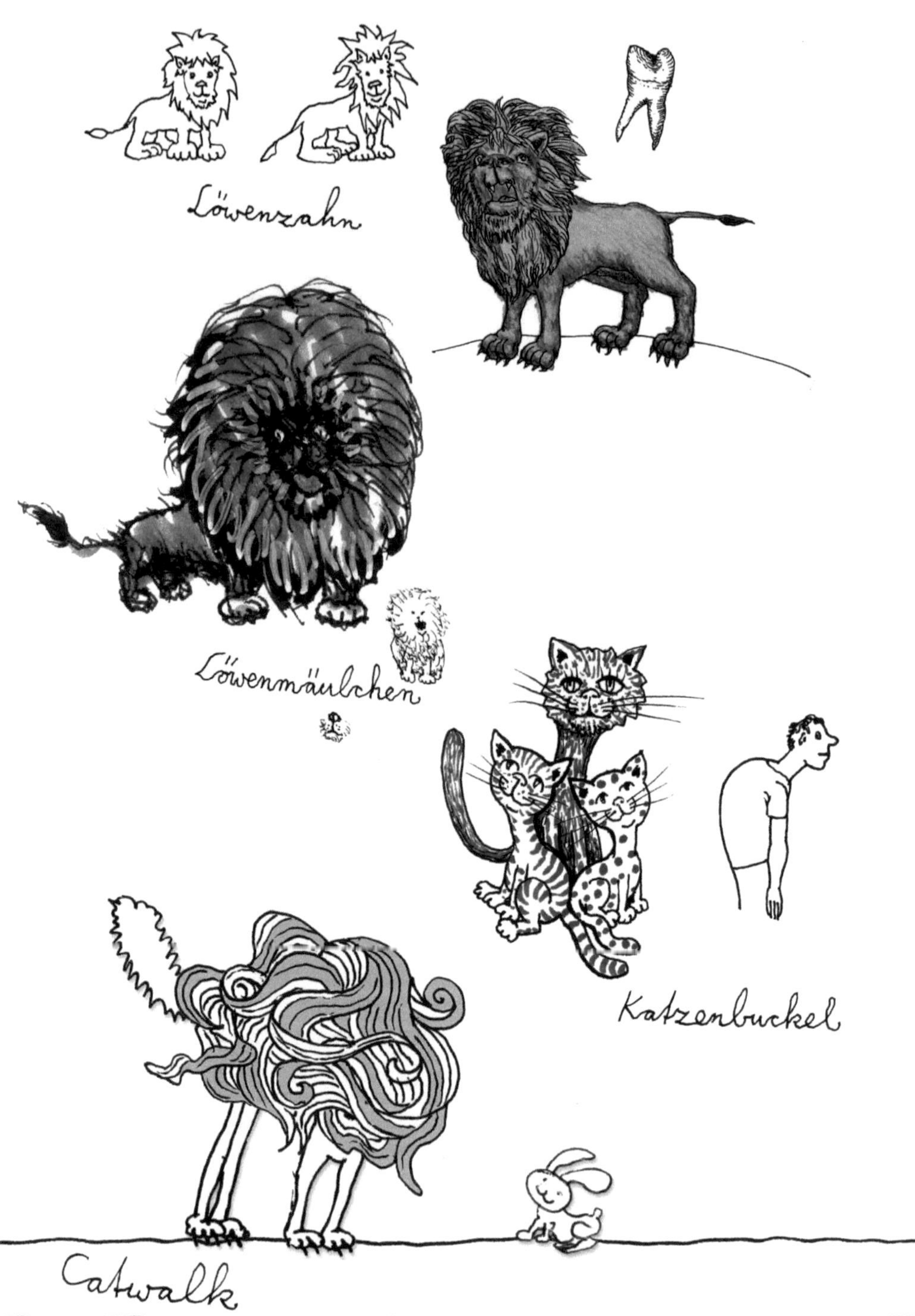

Löwenzahn
Löwenmäulchen
Katzenbuckel
Catwalk

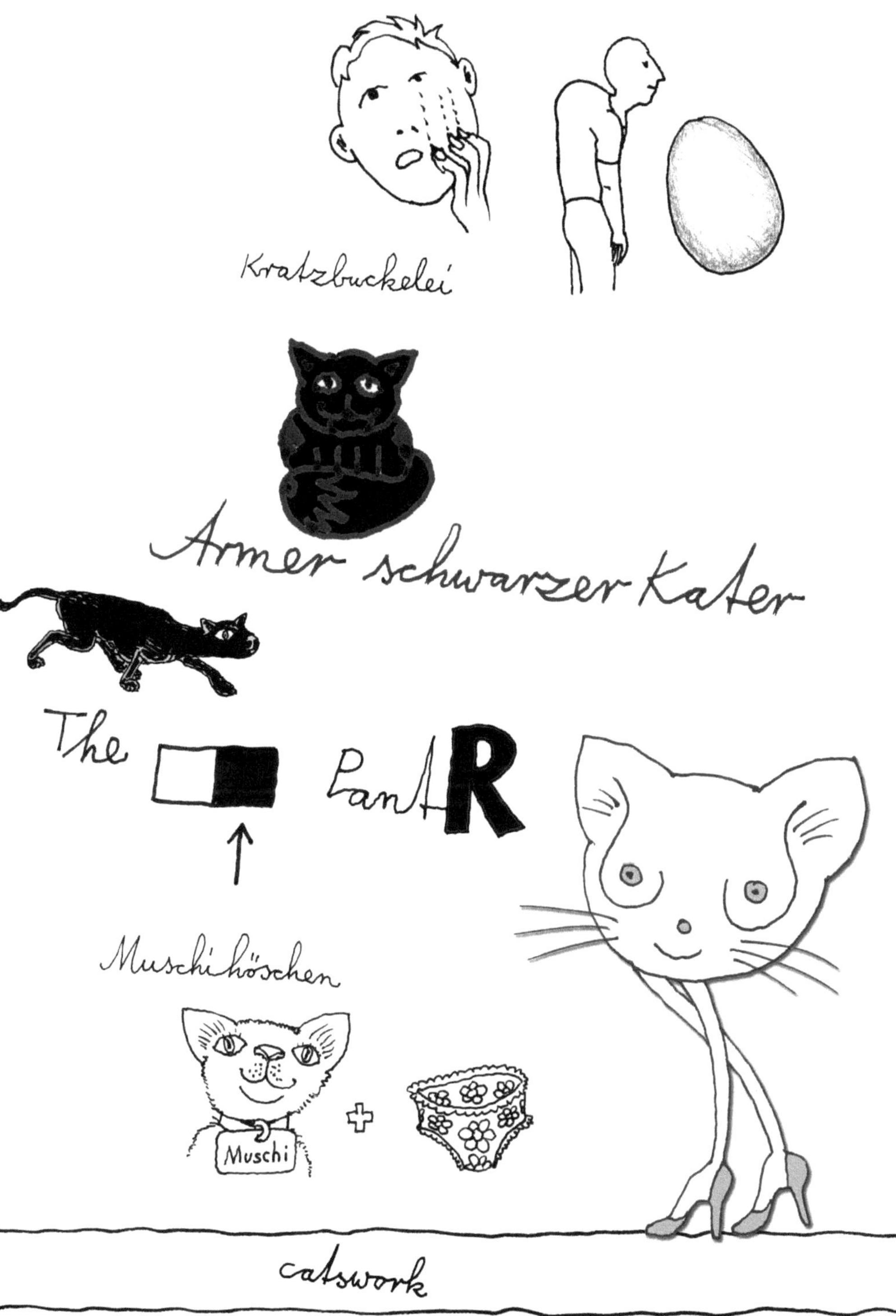

Kratzbuckelei
Armer schwarzer Kater
The ☐ PantR
Muschihöschen
Muschi
catswork

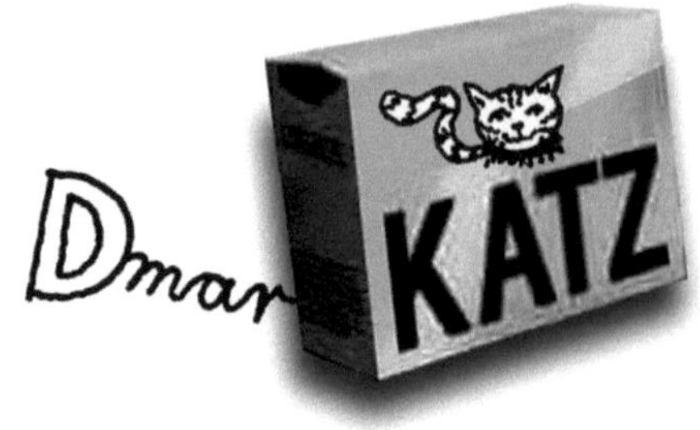

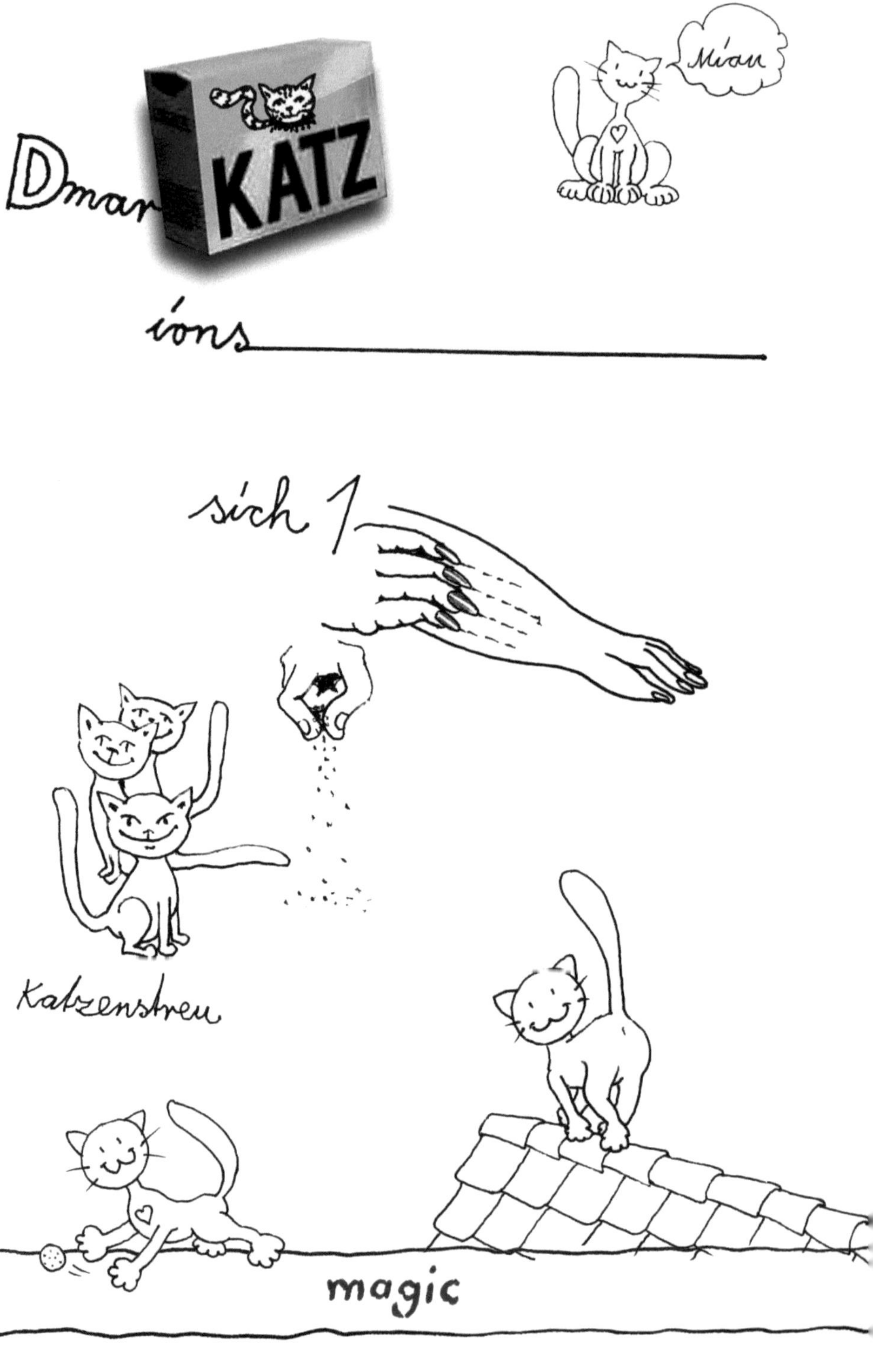

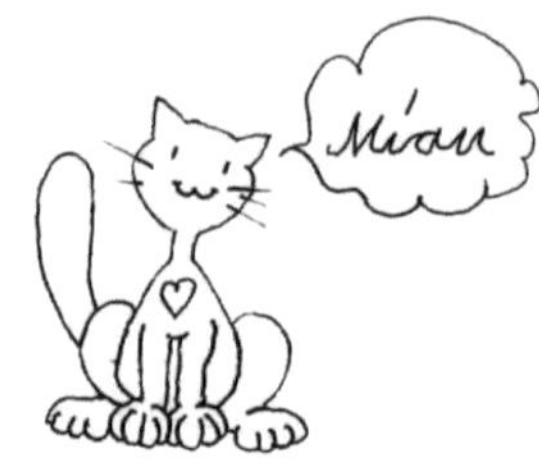

Dmar íons

sich 1

Katzenstreu

magic

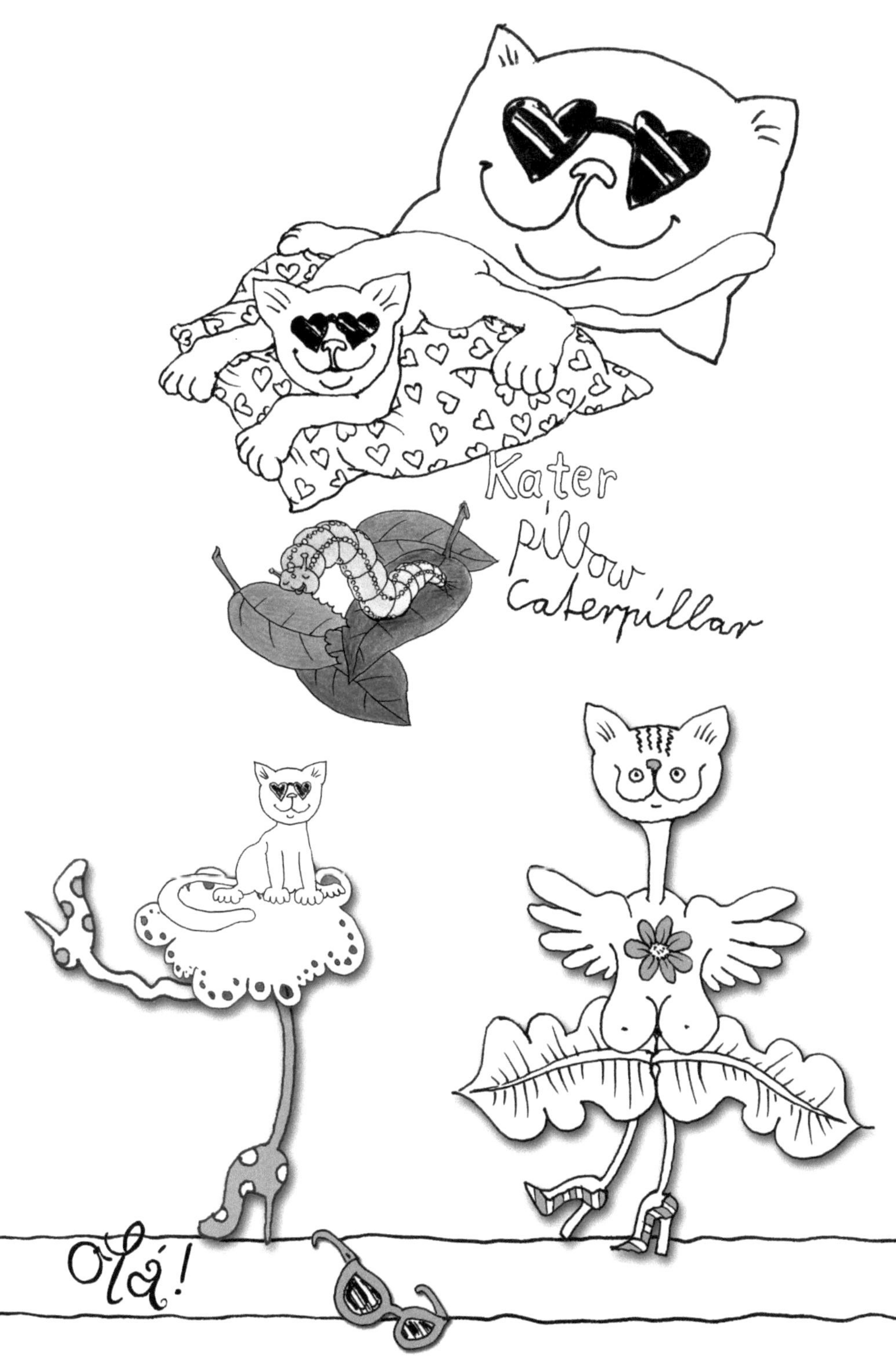
Kater
pillow
Caterpillar
Olá!

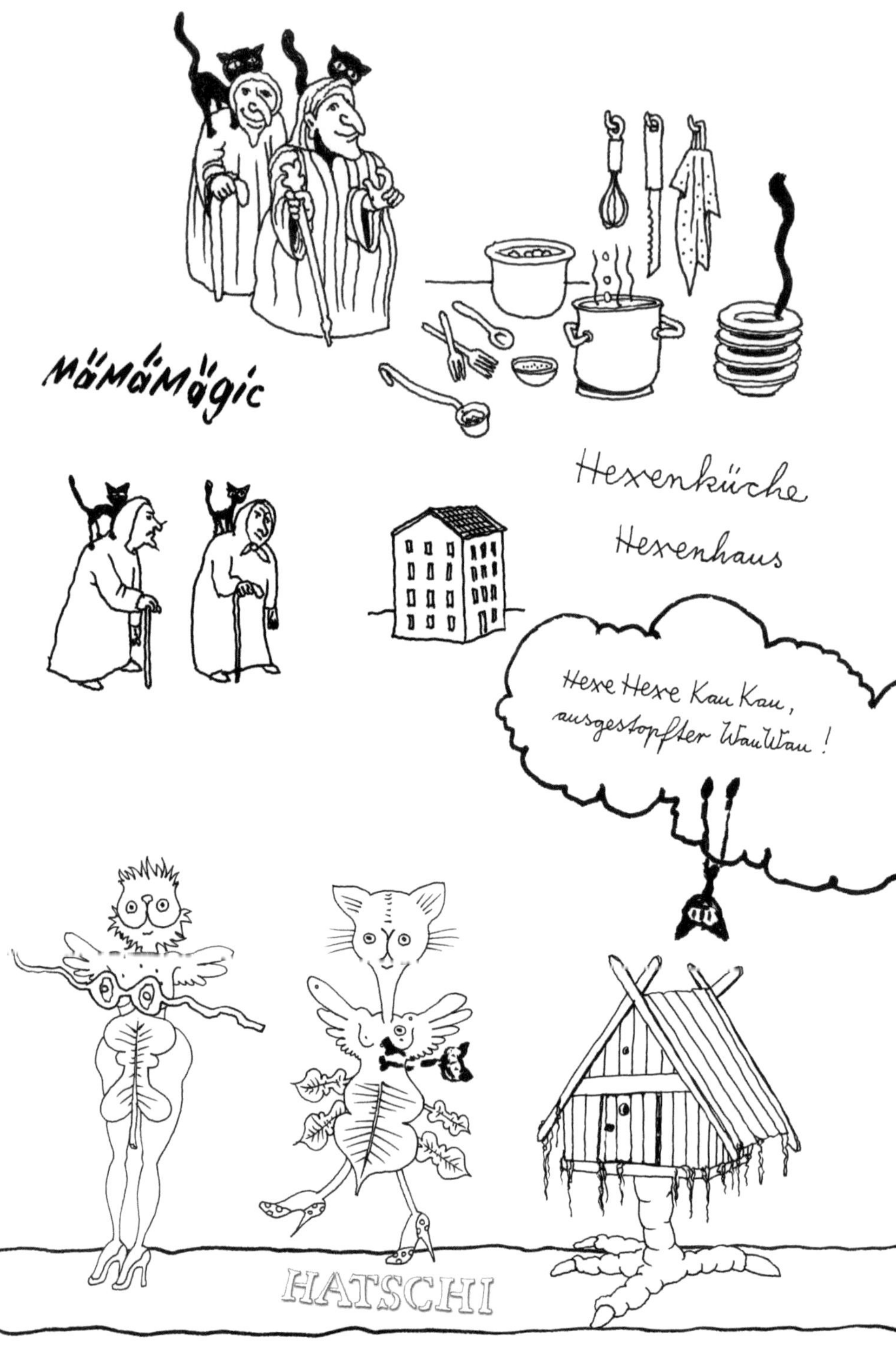

MäMäMägic
Hexenküche
Hexenhaus
Hexe Hexe Kau Kau,
ausgestopfter WauWau !
HATSCHI

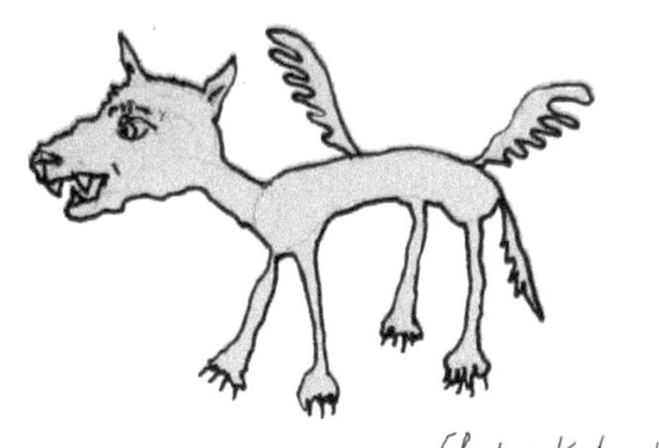

Das geht ja ab wie Schmitts Katze

haste nich gesehn...

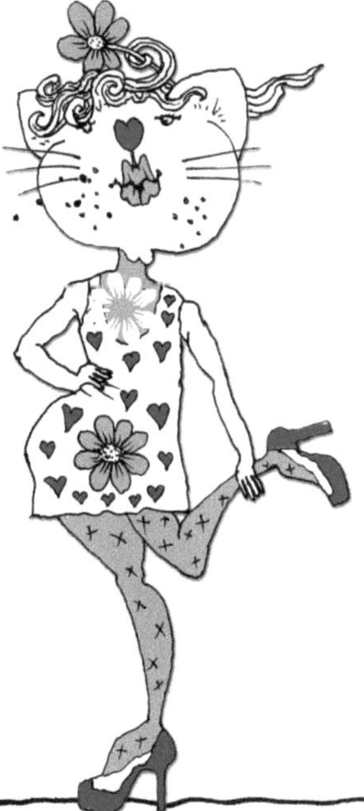

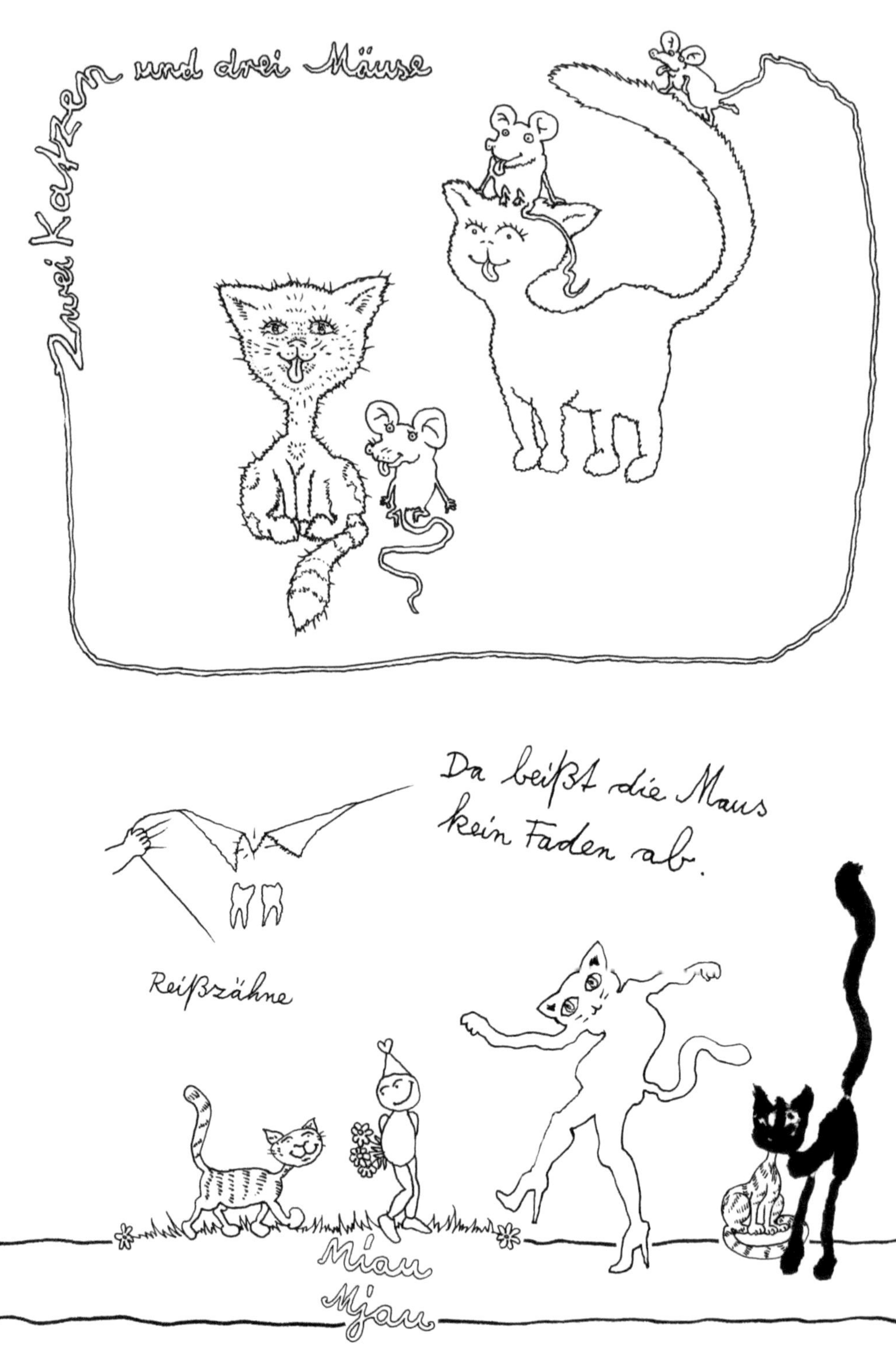
Zwei Katzen und drei Mäuse
Da beißt die Maus kein Faden ab.
Reißzähne
Miau
Mjau

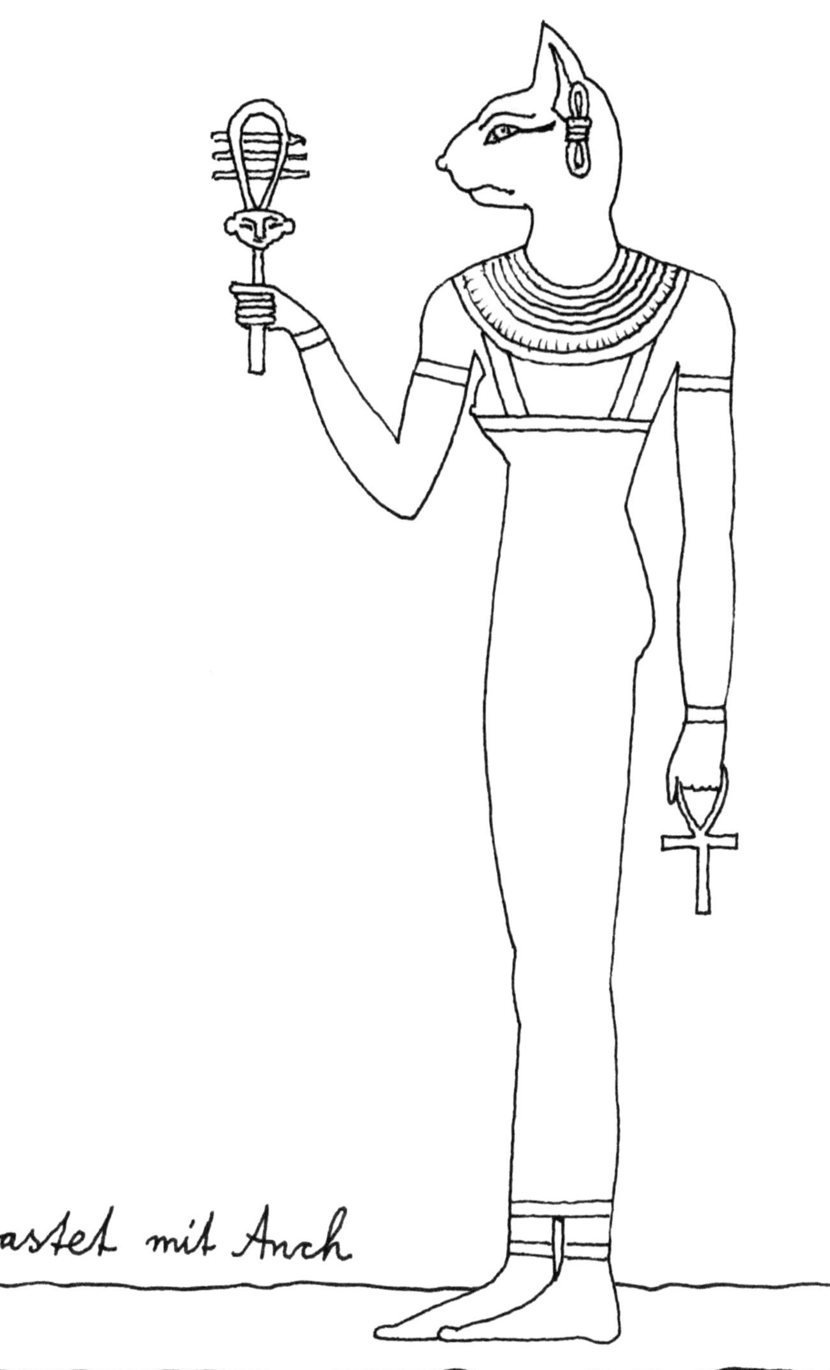

Bastet mit Anch

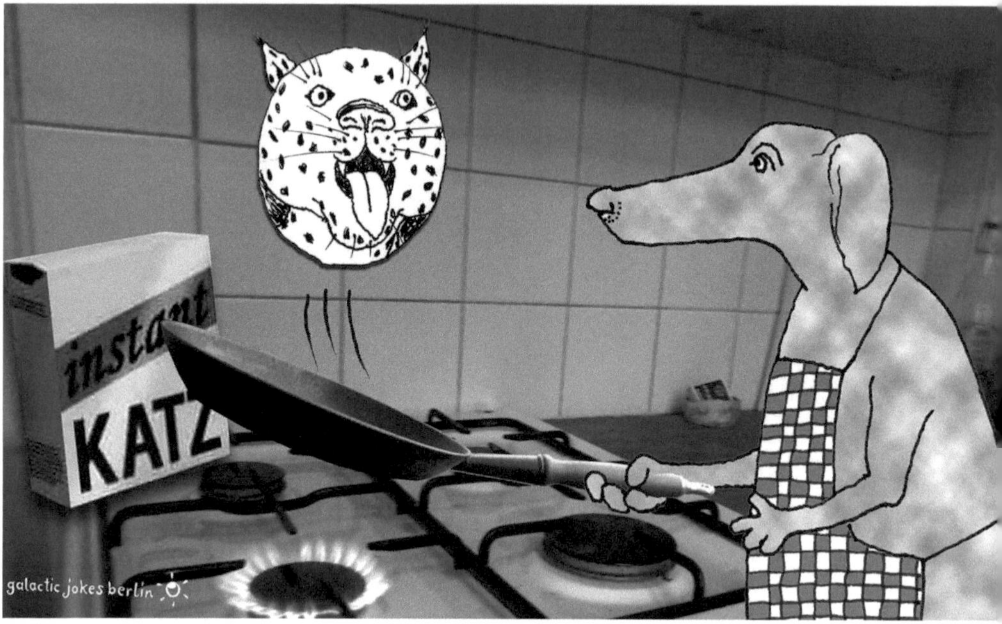

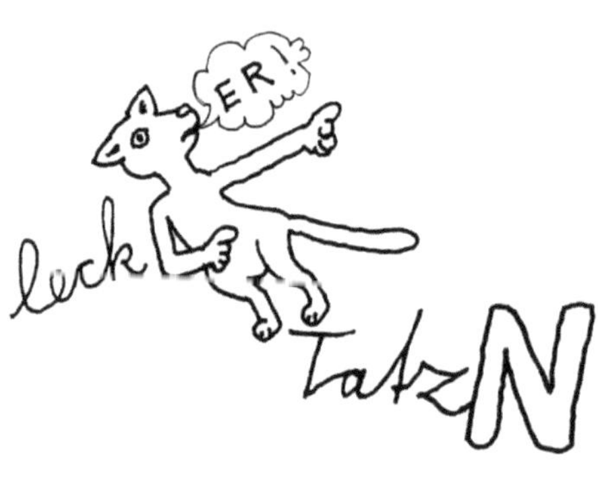

instant
KATZ
galactic jokes berlin
ER!
leck
Tatz N

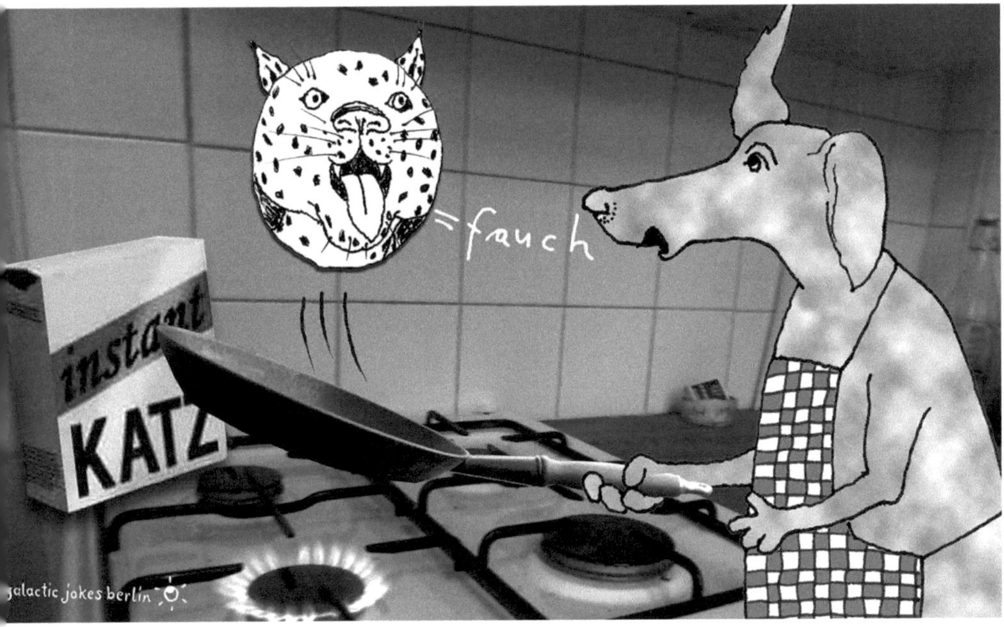

instant
KATZ
=fauch
galactic jokes berlin

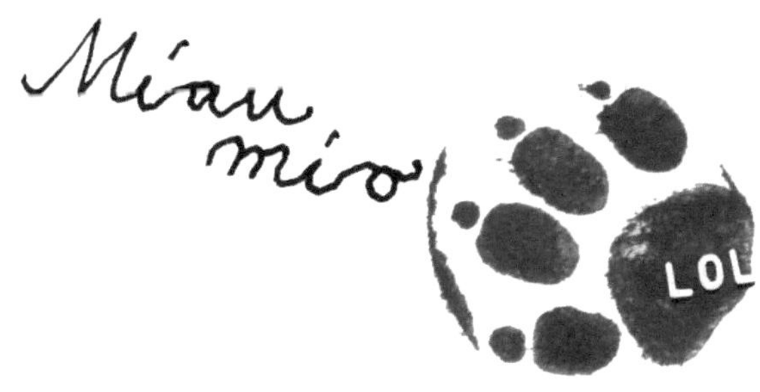
Miau
mio
LOL

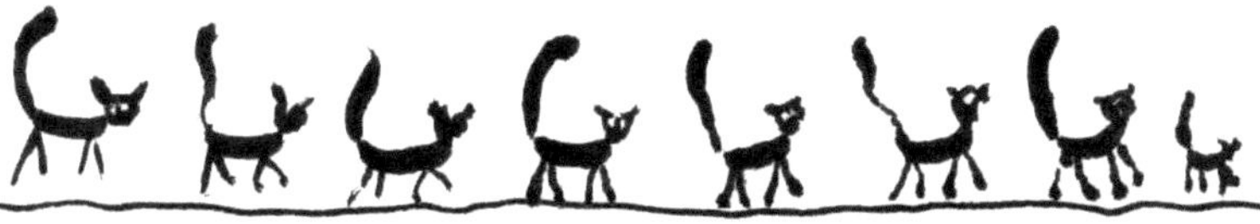

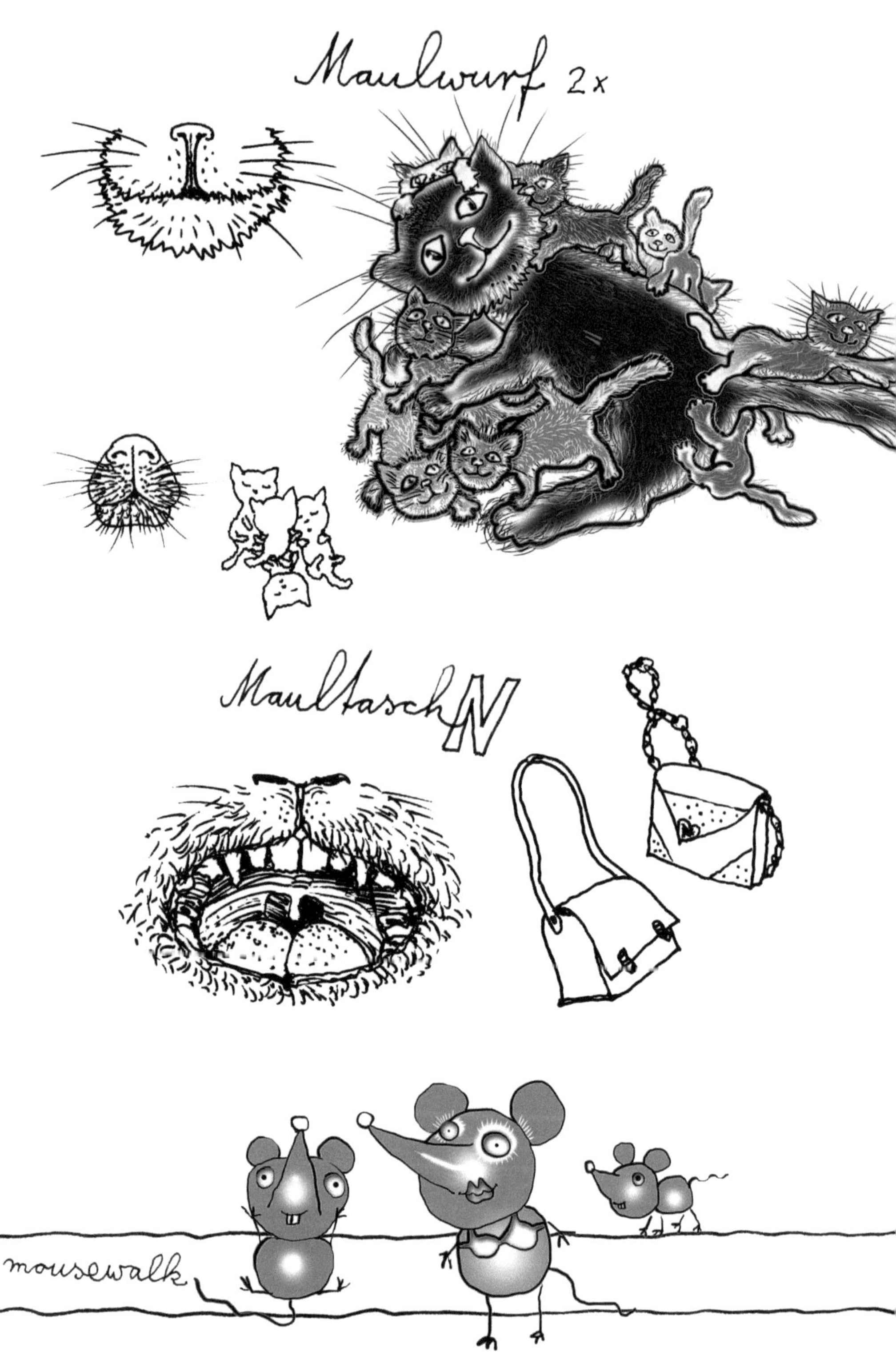

Maulwurf 2x
MaultaschN
mousewalk

Katapult

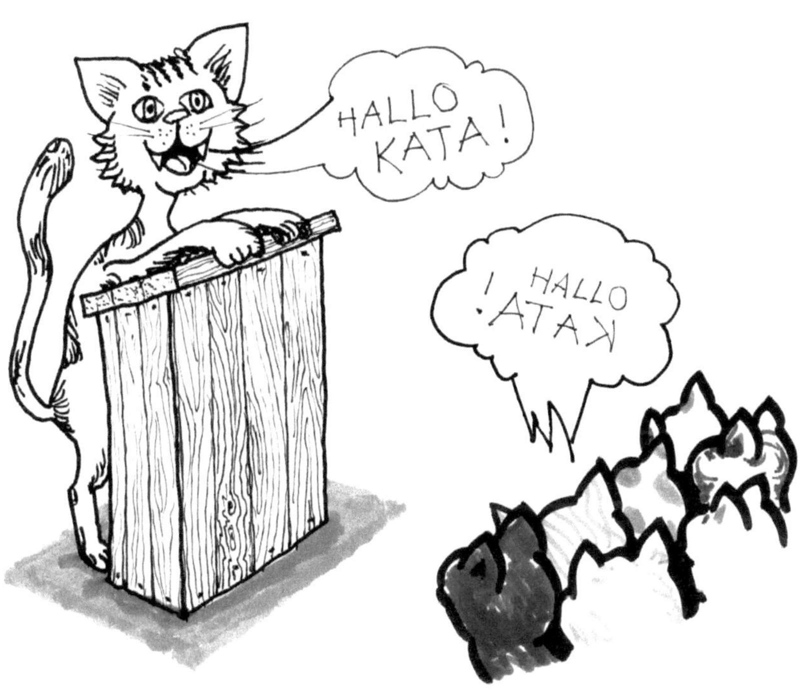

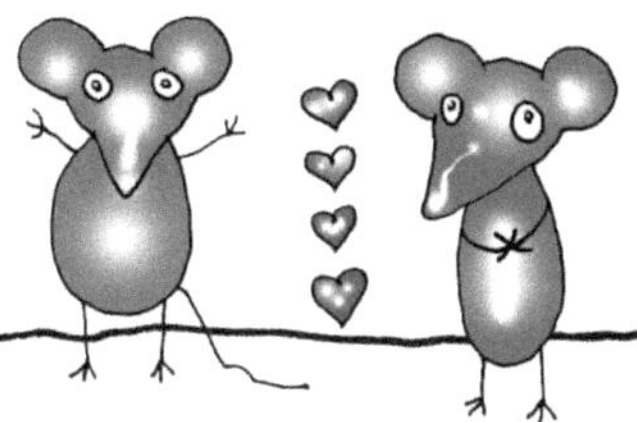

Mauswohk

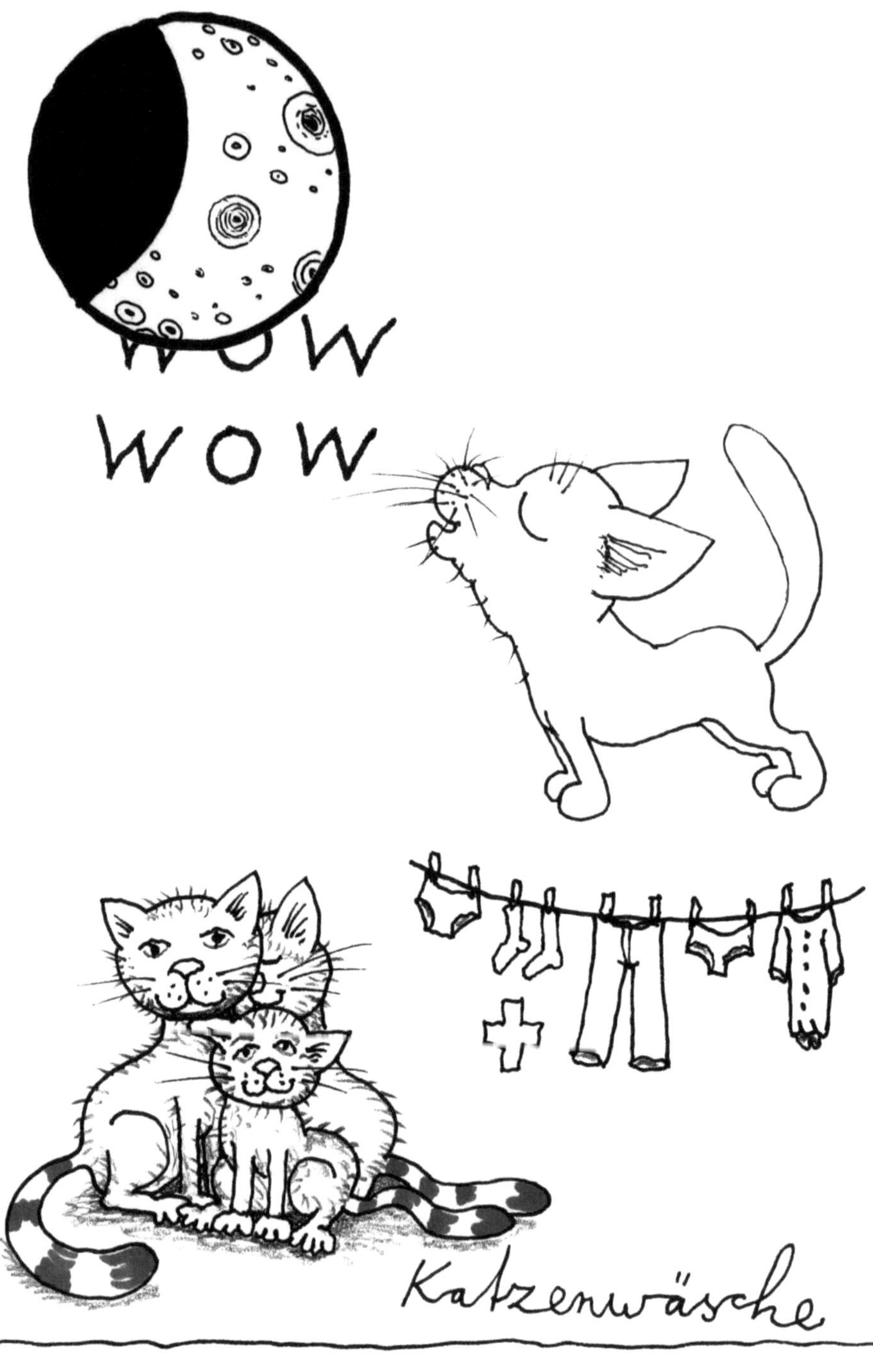

wow
wow
Katzenwäsche

Katzenklos

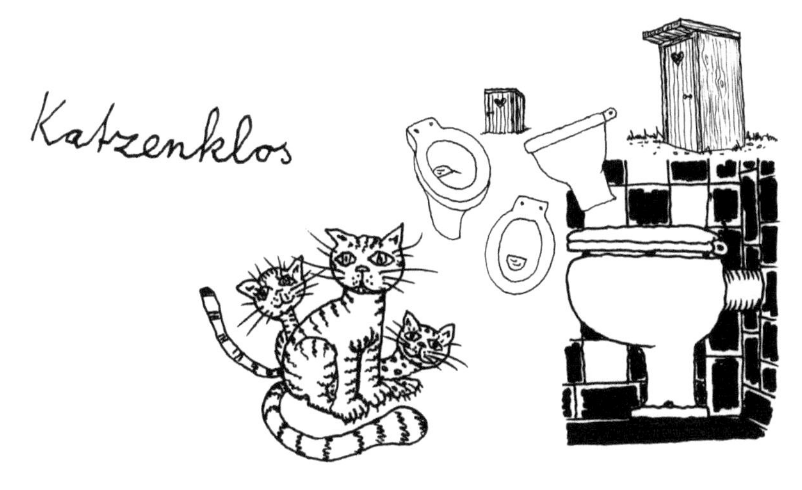

einen findet man im Fitnessstudio

oder auch zwei

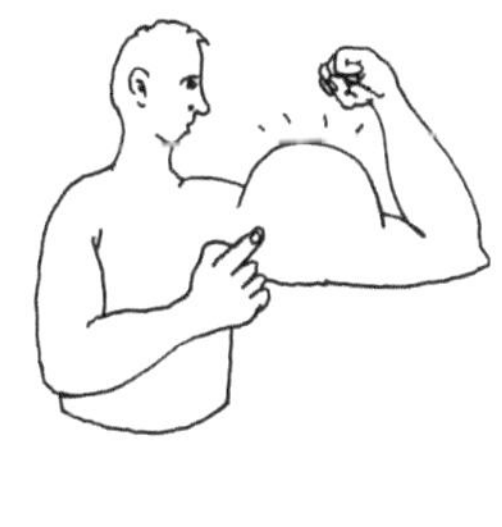

Muskelkater

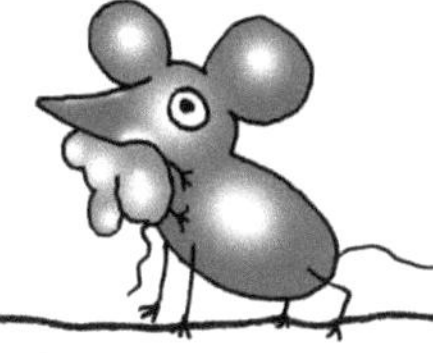

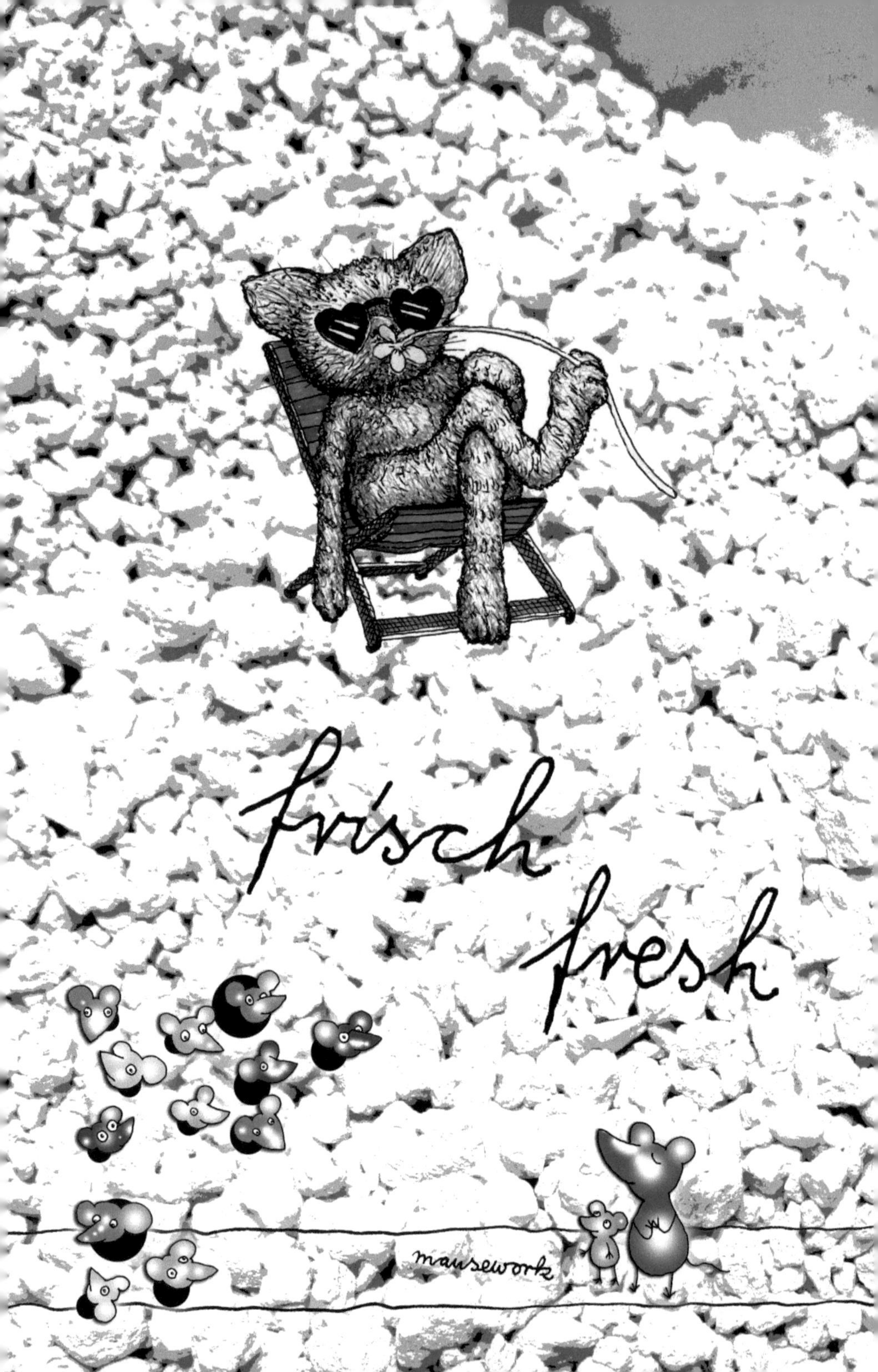

frisch
fresh
mauseworks

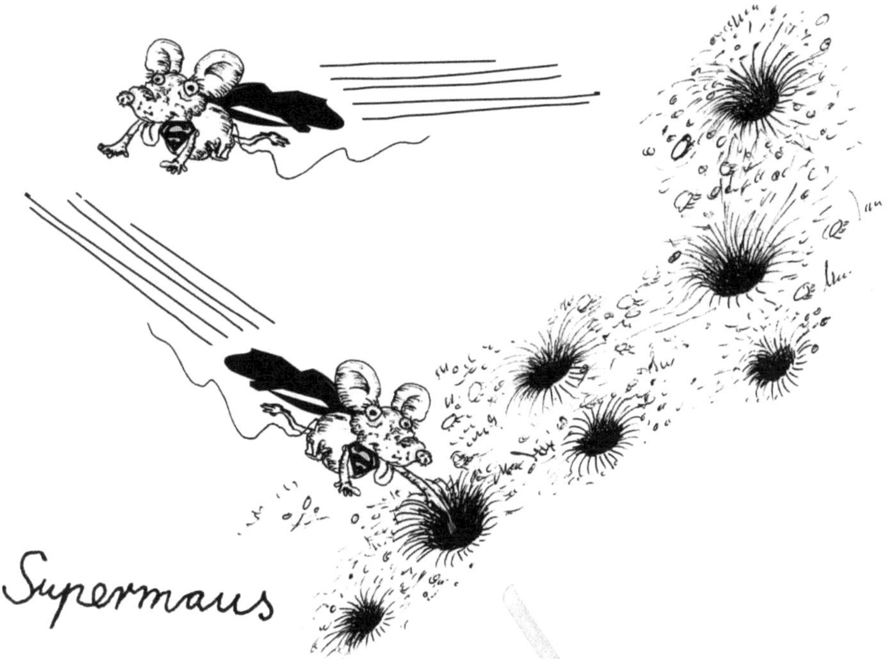

Supermaus

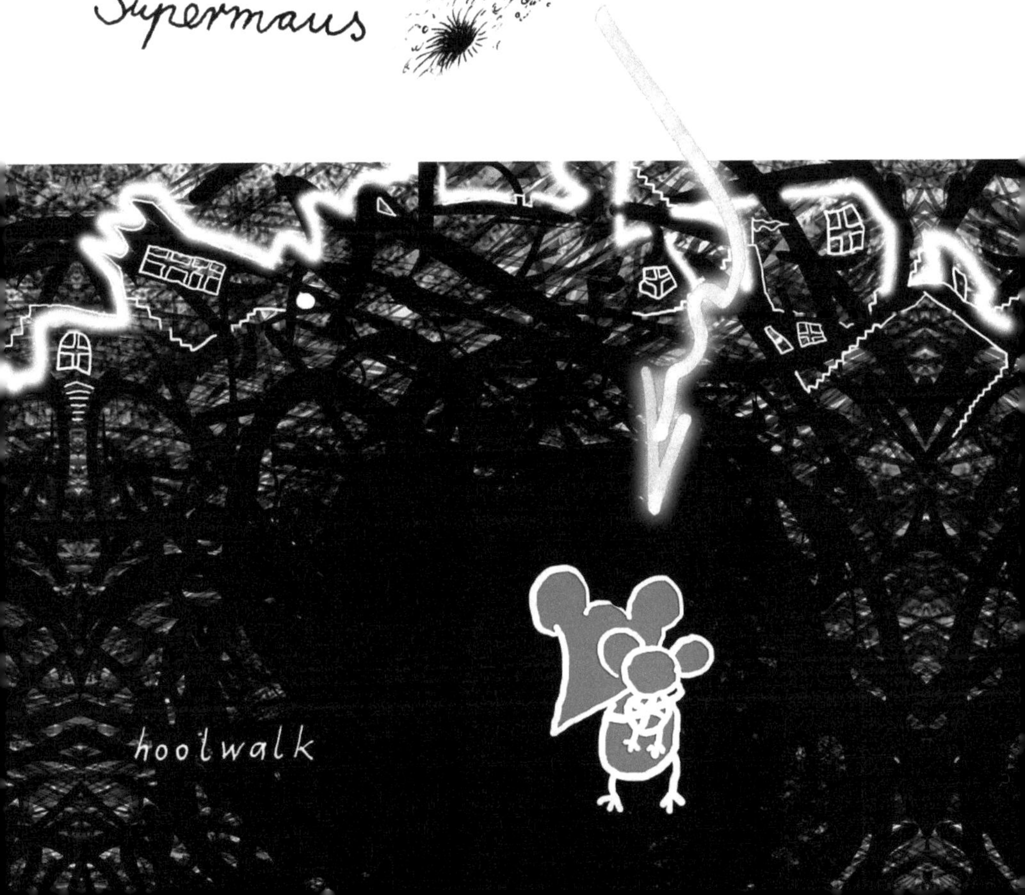

hoolwalk

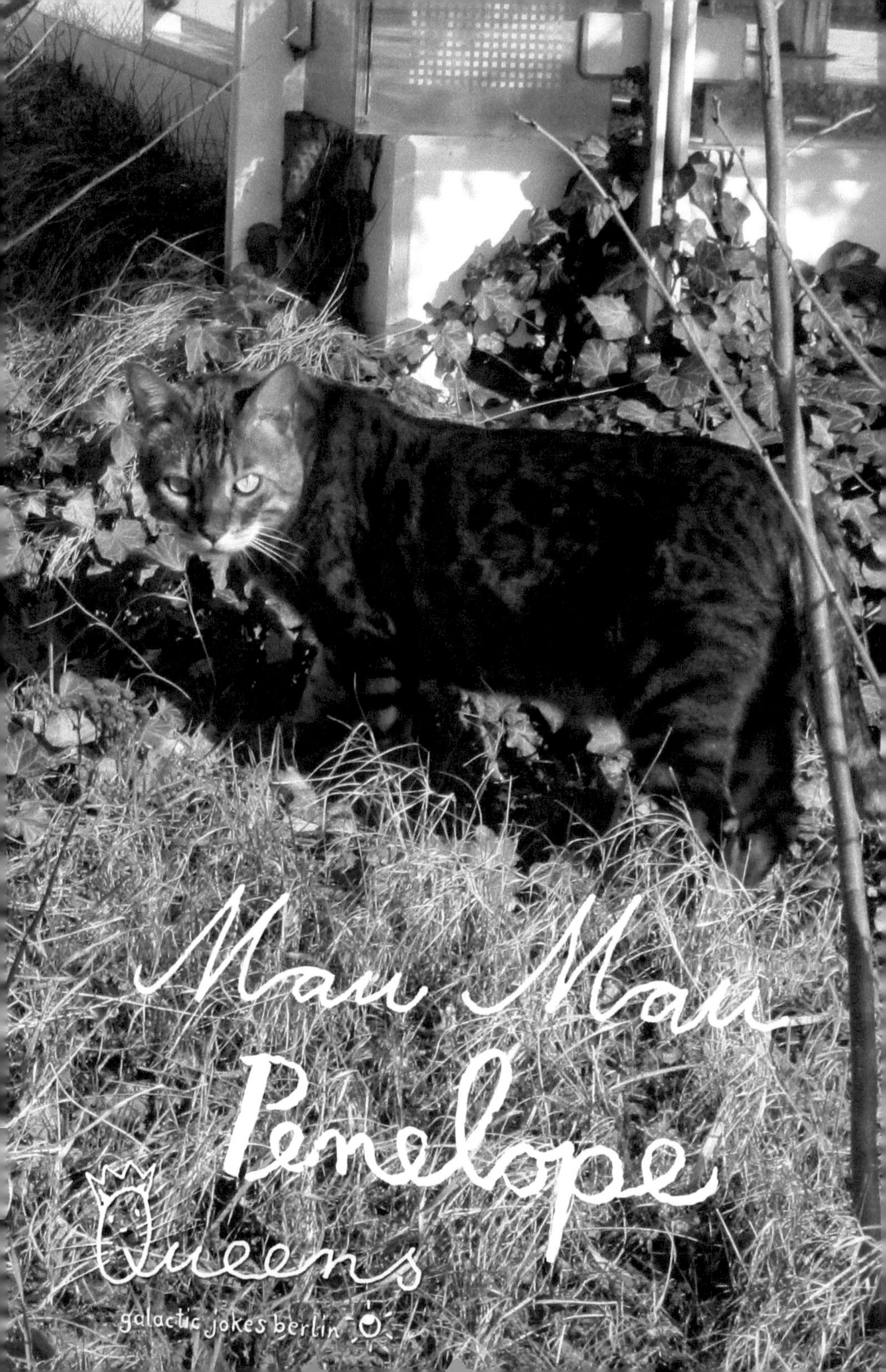
Mau Mau
Penelope
Queens
galactic jokes berlin

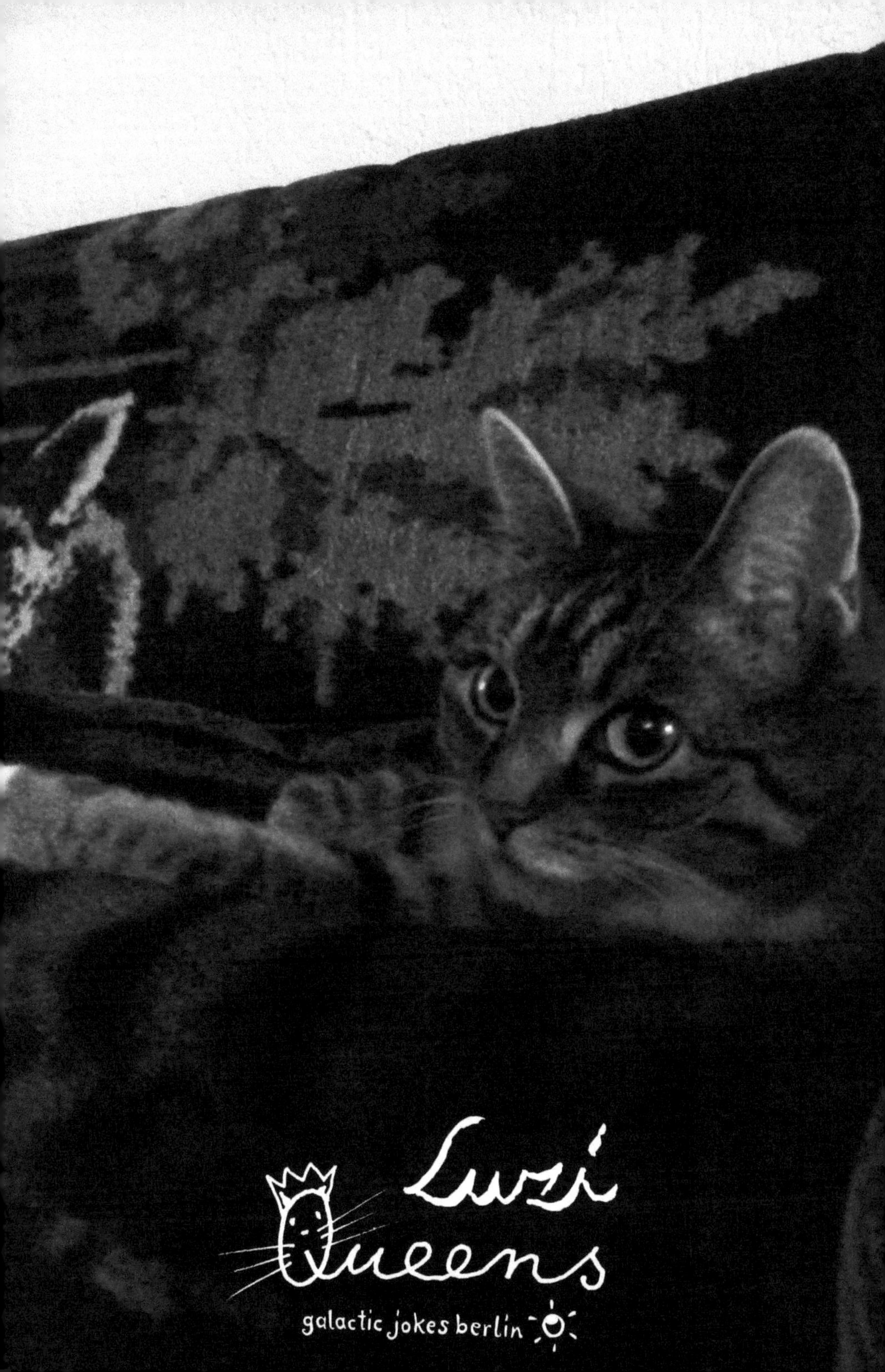

Luzi
Queens
galactic jokes berlin

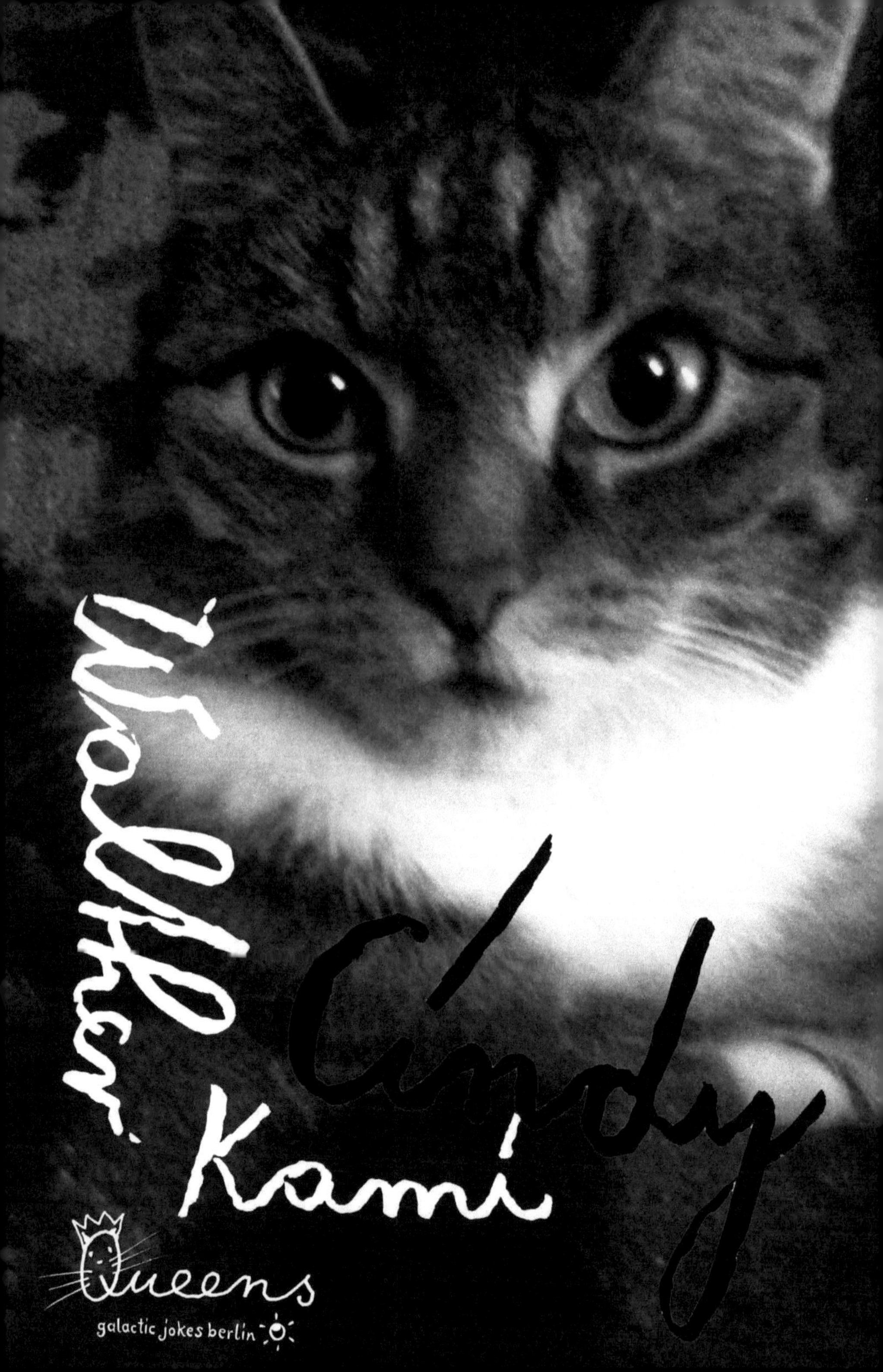

Walker
Andy
Kami
Queens
galactic jokes berlin

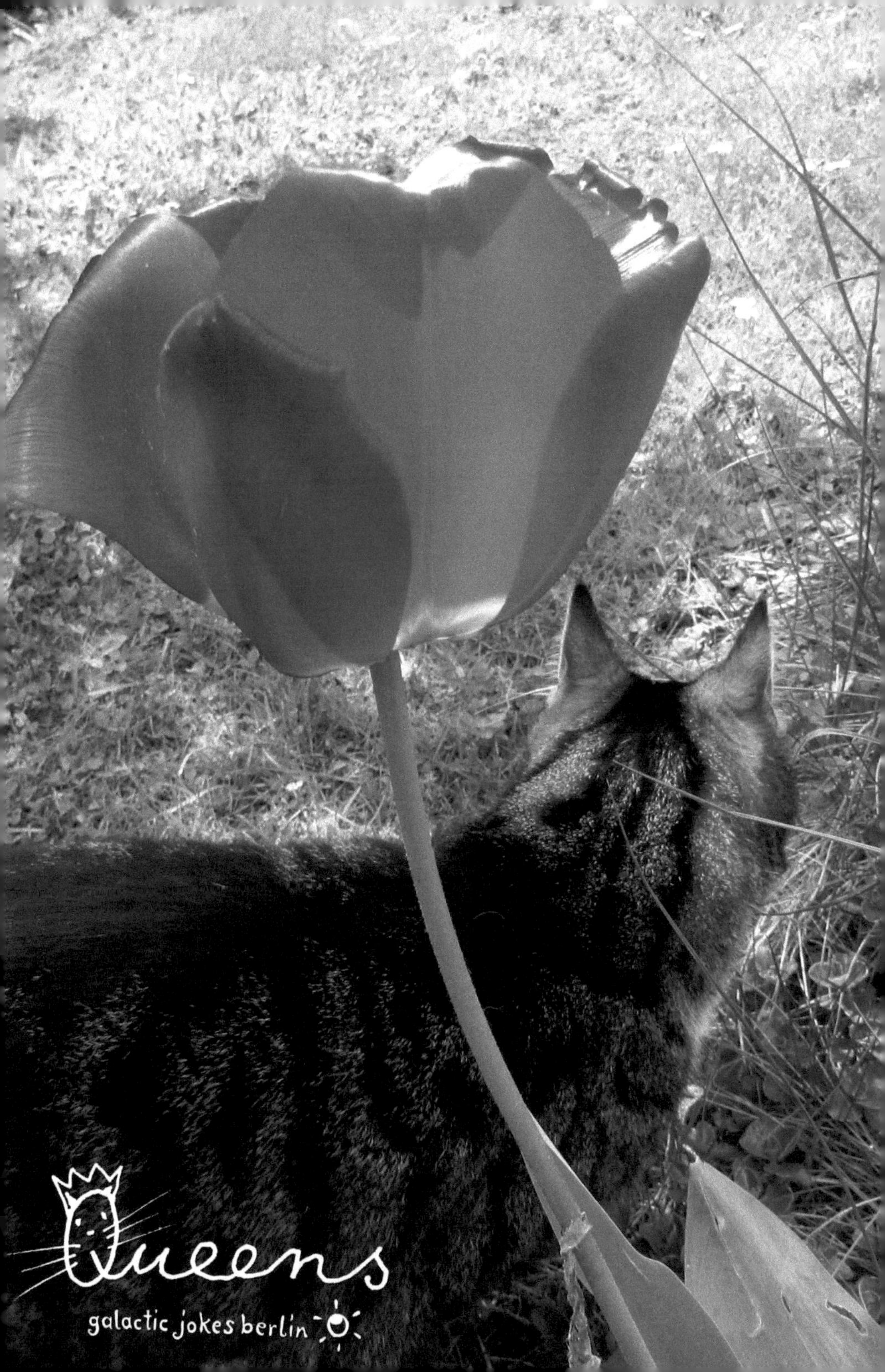
queens
galactic jokes berlin

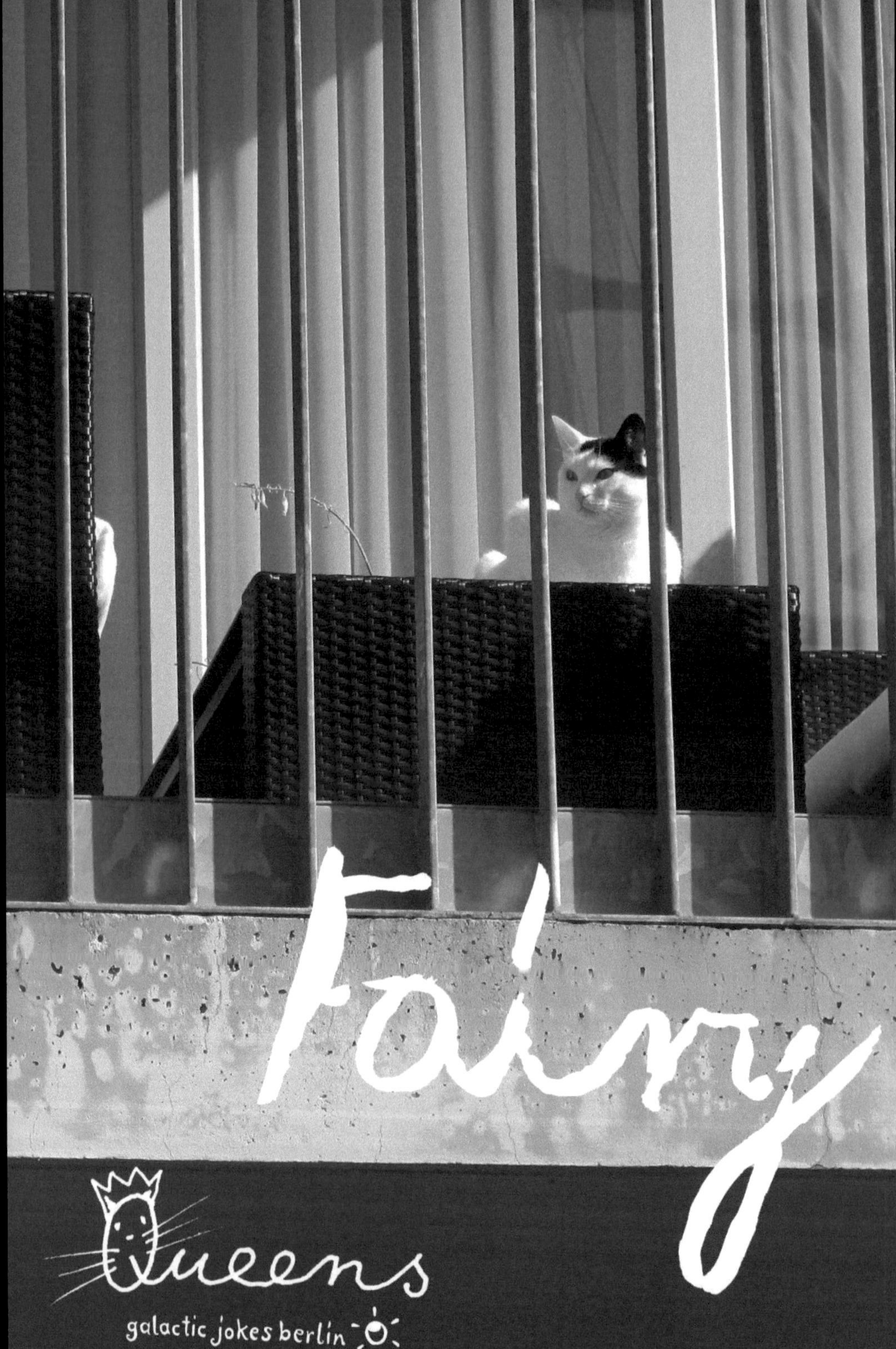

Fairy
Queens
galactic jokes berlin

galactic jokes berlin
Katzengold
Katzensilber

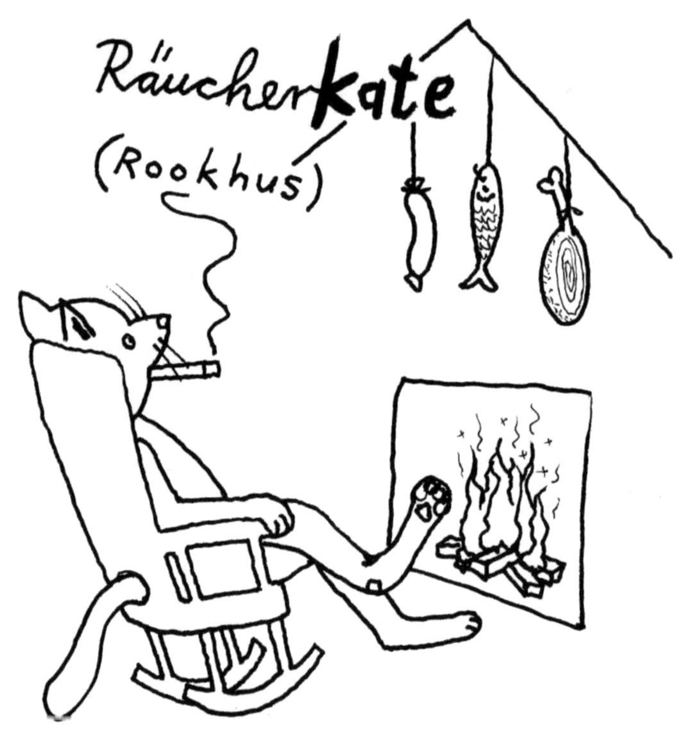

Räucherkate
(Rookhus)

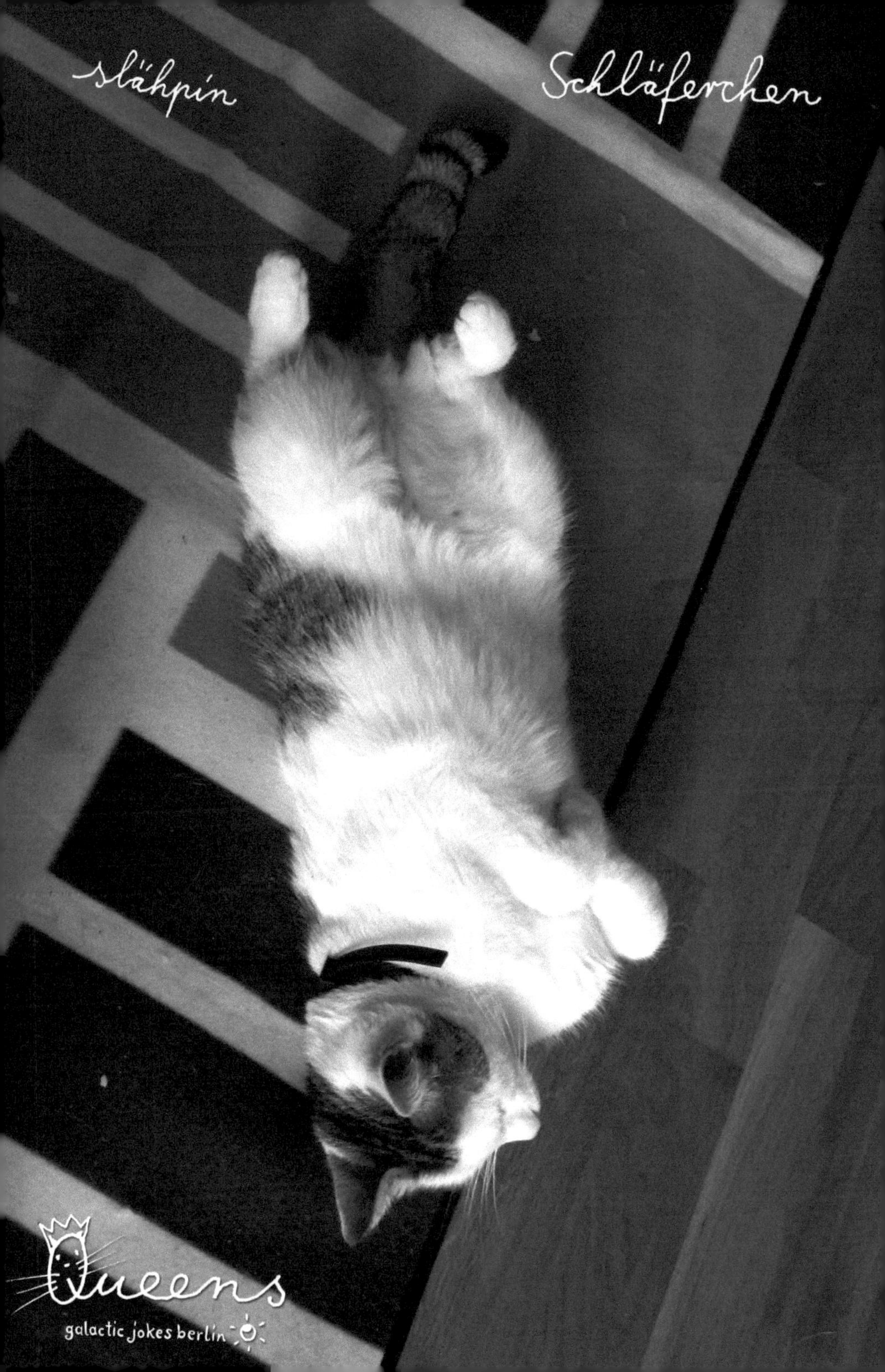

slähpin
Schläferchen
Queens
galactic jokes berlin

Katzenspielzeug

der Spielhandschuh mit herausziehbaren Bommeln

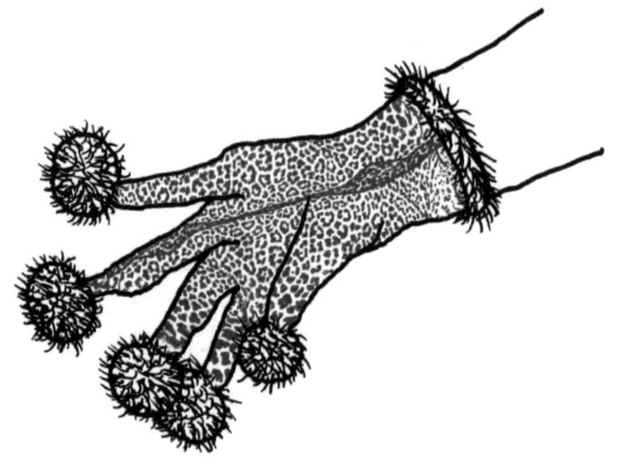

★ ☆ ☆ ☆ ☆

Meine Kätzchen haben Angst davor.

(eingereicht von einem Tierfreund)

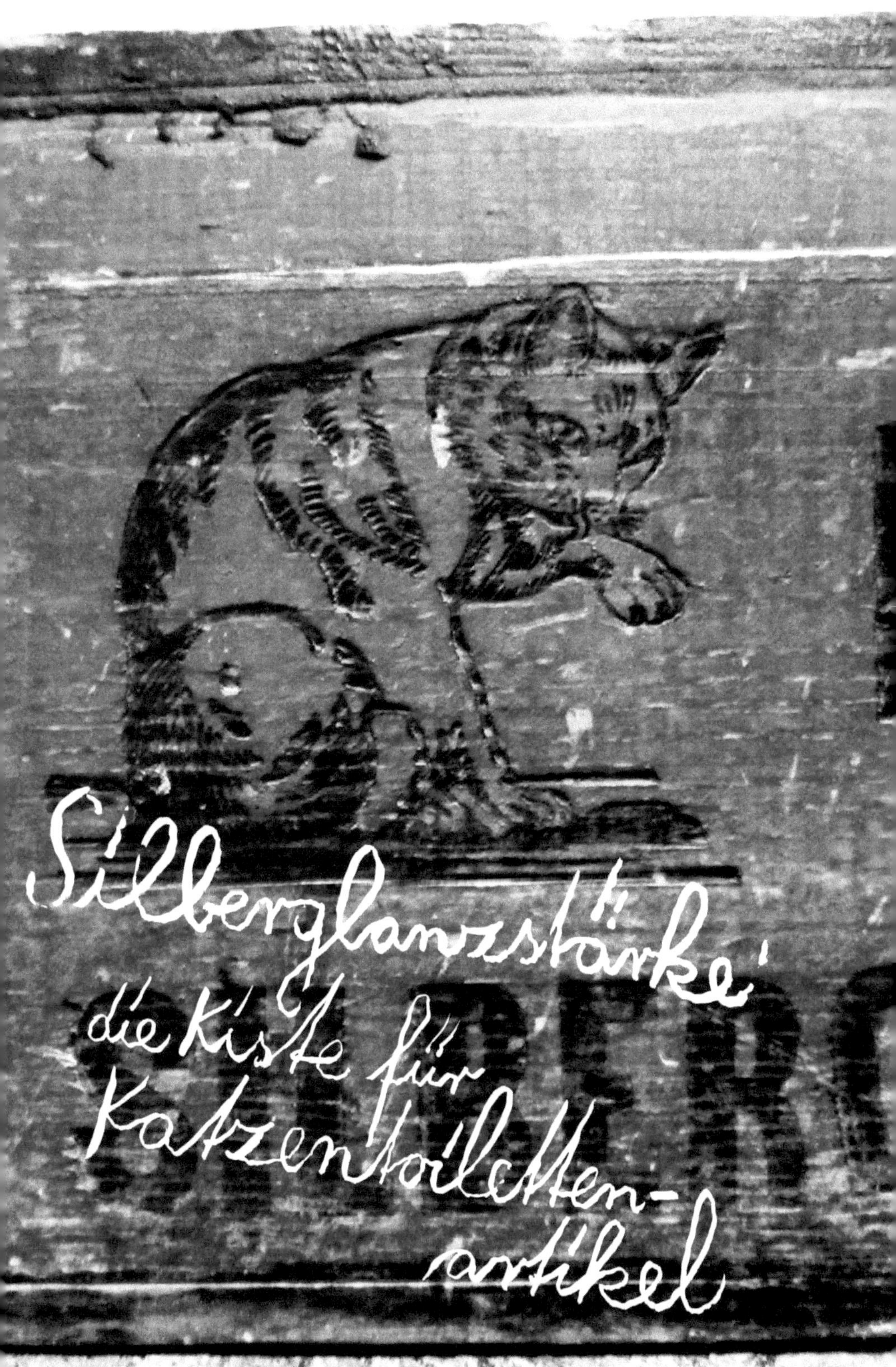

Silberglanzstärke:
die Kiste für
Katzentoiletten-
artikel

Und zum Schluss eine Maus-Geschichte, die Maren als Kind
geschrieben hat.

SCHWARZ SCHWARZ SCHWARZ

Ich bin die Maus-Maren. Ich wohne in der Speisekammer von
Onkel Otto und Tante Lottchen. Ich bin sehr lieb und nett, garnicht
dumm und nicht gefräßig. Ich habe keine Angst und bin kein Lausbub.
Und doch passiert mir immer das Allerschlimmste.

Es war am Morgen. Ich schlich mich aus meinem Mauseloch heraus
und guckte und guckte. Wo ist denn der Käse geblieben? Für den
Schinken und die Wurst brauche ich eine Leiter. Denn die großen
Menschen haben das Regal weggestellt. Jetzt komme ich nicht mehr
zu dem Schinken und der Wurst, denn die hängen an der Decke.
Aber der Käse ist nirgends zu sehen. Ich glaube, den Käse haben
die Menschen vor mir versteckt. Bestimmt im Küchenschrank. Ha, hi,
haha, daß ich nicht lache, ich kenne nämlich eine Ritze, in die man
durchschlüpfen kann und schließlich in der Küche ist. Nur die Frage:
wie kommt man in den Küchenschrank? Ich werde erst einmal in die
Küche schlüpfen, dann werden wir weitersehen. Ich mache schwupp,
rutsch, plums. Schon bin ich in der Küche. Oh, wer schnurrt denn da
so? Wer liegt denn da? Das ist Kater Schnurr. Kater Schnurr kommt
auch schon, von dem Piepsen aufgeschreckt und stürzt sich auf mich.
Ich sehe schwarz. Was ist das Harte an meinem Bauch? Das sind
bestimmt die Zähne von Kater Schnurr. Mir ist so komisch. Als ob ich
in einem dünnen Schlauch hinunterrutsche. Oh, ich glaube, das ist der
schwarze Schlund, in dem ich zum Magen rutsche. Nein, auch soetwas
muß mir noch passieren? Jetzt sitze ich fest. Ih, wer ist denn unter mir?
Hu, das drückt. Soll ich denn hier tagelang sitzenbleiben? Hier riecht
es aber. Was ist denn nun? Oben öffnet sich etwas und es rutscht so
etwas wie ein Stück Fleisch herunter. Buh und auch noch auf mein
Schnäuzchen rauf. Uhh, jetzt so was weißes Flüssiges, sieht aus wie
Milch. Naja will mal nicht behaupten. Es ist ja dunkel! Was sehe ich
denn da? So etwas wie Messer. Die machen immer tak, tak, tak, tak,
tak. Sie zerschneiden das Fleisch unter mir. Jetzt soll ich wohl daran
kommen? Das ist aber garnicht schön. Ich muß höher kriechen. Ih, da
kommt von oben schon wieder ein Stück Fleisch. Die armen Tierchen,
die werden wegen dem Kater geschlachtet. Uh, wieder sowas wie Milch,

ich glaube jetzt doch, daß das Milch ist, ich habe nämlich etwas ins Schnäuzchen gekriegt. Oh, jetzt bin ich dran. Die Messer schnitzeln schon wieder. Ich muß höher klettern. Pfui, da kommt ja schon wieder eine Mahlzeit. Der Kater wird ja verwöhnt. Ich werde ganz steif, wenn ich hier sitze. Nun, ein wenig turnen wird auch nicht schaden. Vielleicht dem Kater? Hou, ja, das macht Spaß. Hubba joi bum. Oh, ich glaube, der Kater hat das nicht vertragen, er erbricht sich. Uhi, mich zieht irgendetwas aus dem Schlund. Es ist so, als ob mich eine Menschenhand greift. Ja, es ist der Tierarzt. Er wohnt an der Ecke beim Käseladen. Ich werde ihn beißen. Schon rüste ich meine Zähne. Der Kater ist benommen. Ich habe wohl zuviel im Bauch herumgeturnt? Aber jetzte warte Onkel Doktor. Laß mich nicht runterfallen. Bautz, Gott sei Dank nur auf den Tisch. Nun schnell runter hier und ins Loch. Schwupp. Oh, da steht ja auch der Käse. Onkel Otto und Tante Lottchen werden wohl bemerkt haben, daß ihr Kater sich den Magen verdorben hat. Nach dem Schreck gleich ein Trost.

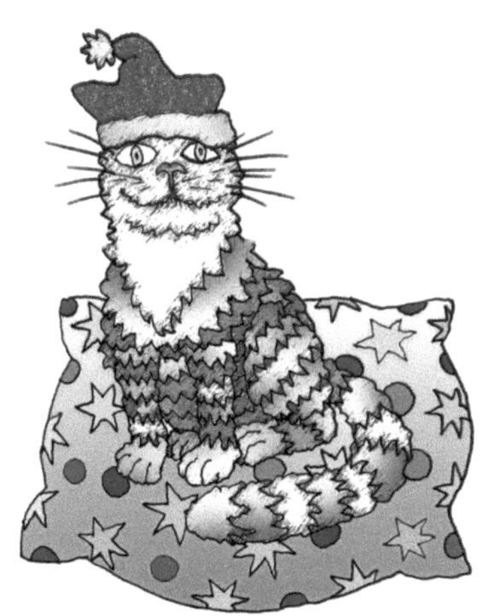

Weihnachtskatze

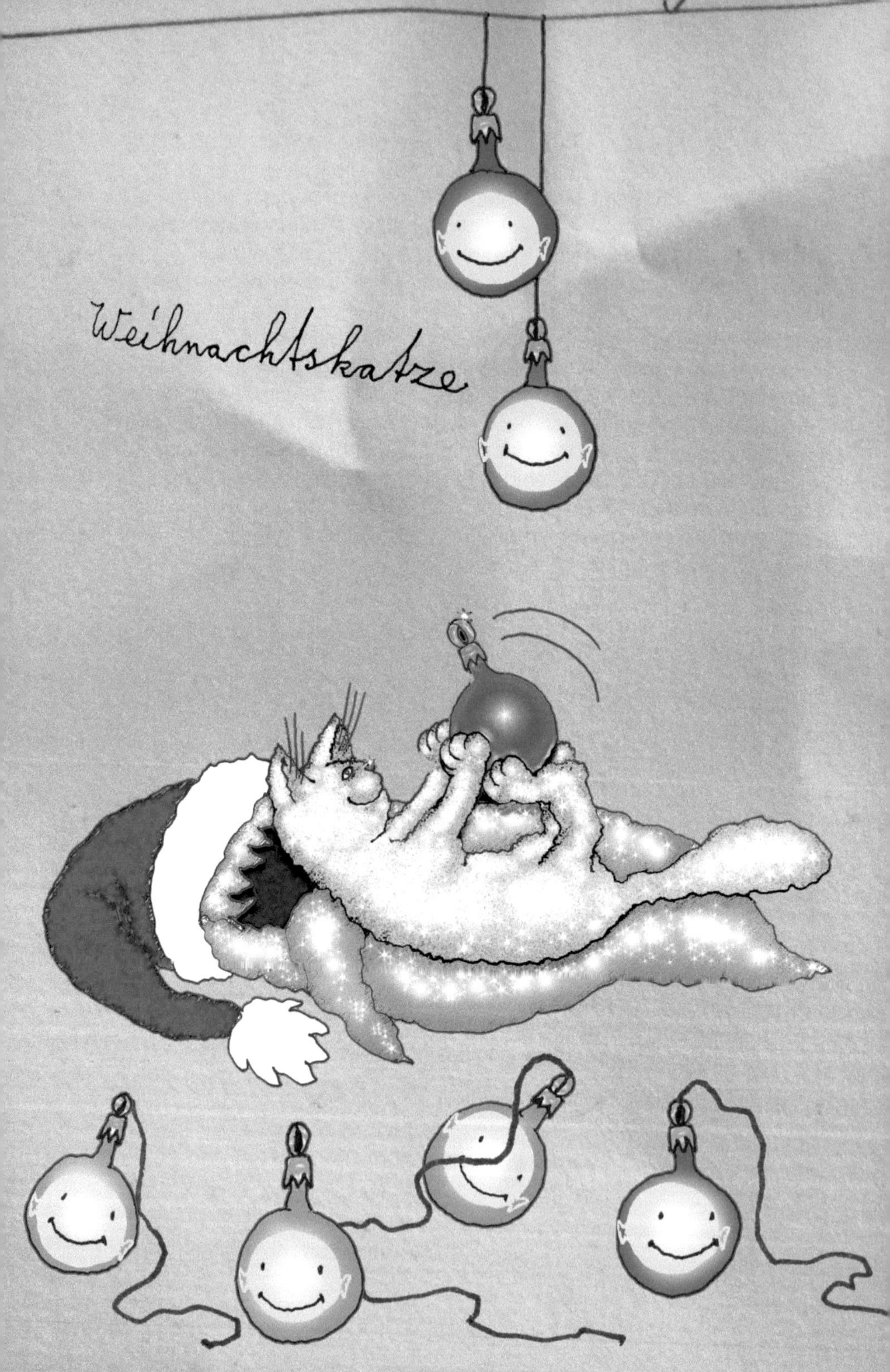

Weihnachtskatze

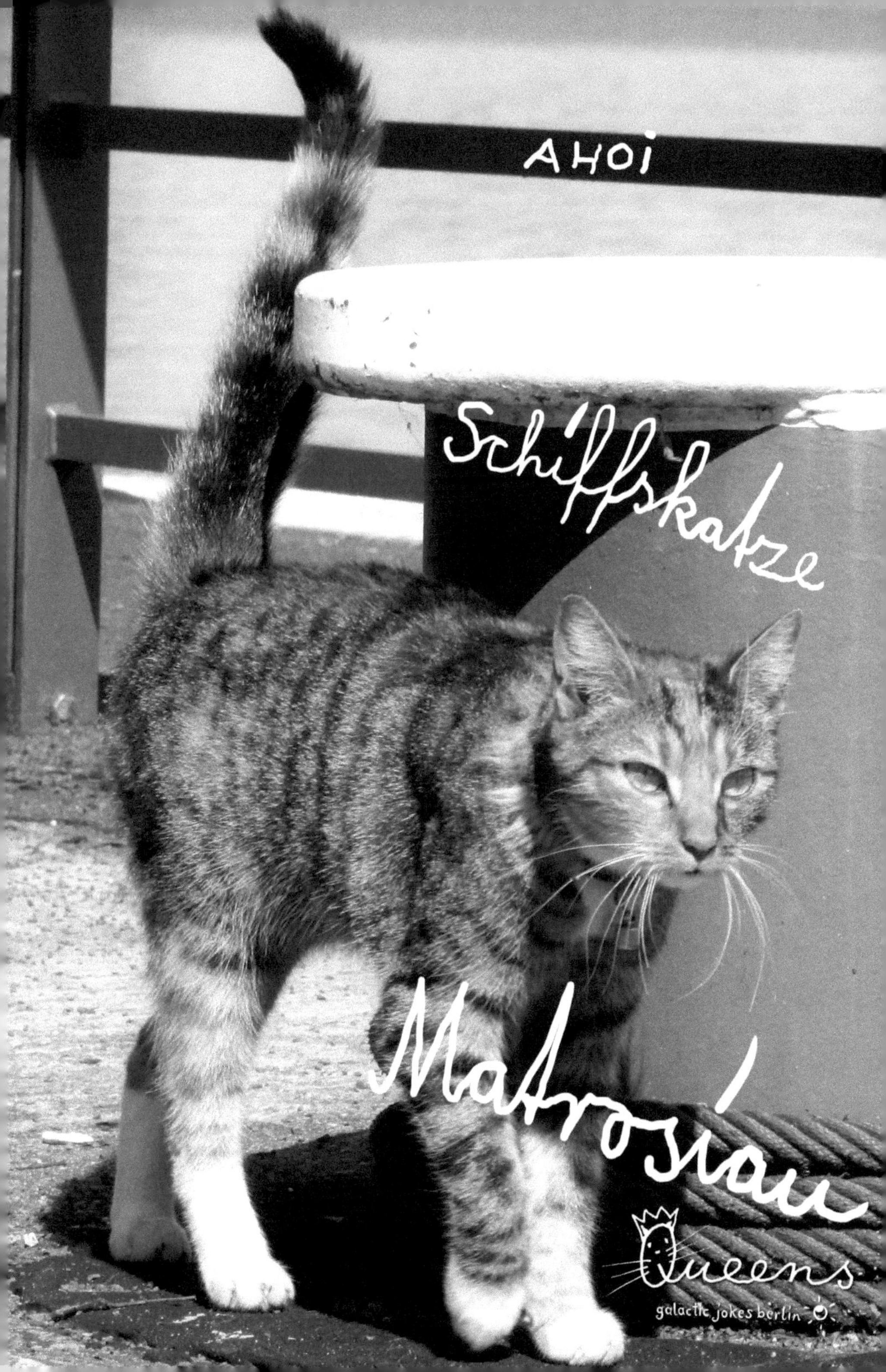

AHOI
Schiffskatze
Matrosian
Queens
galactic jokes berlin

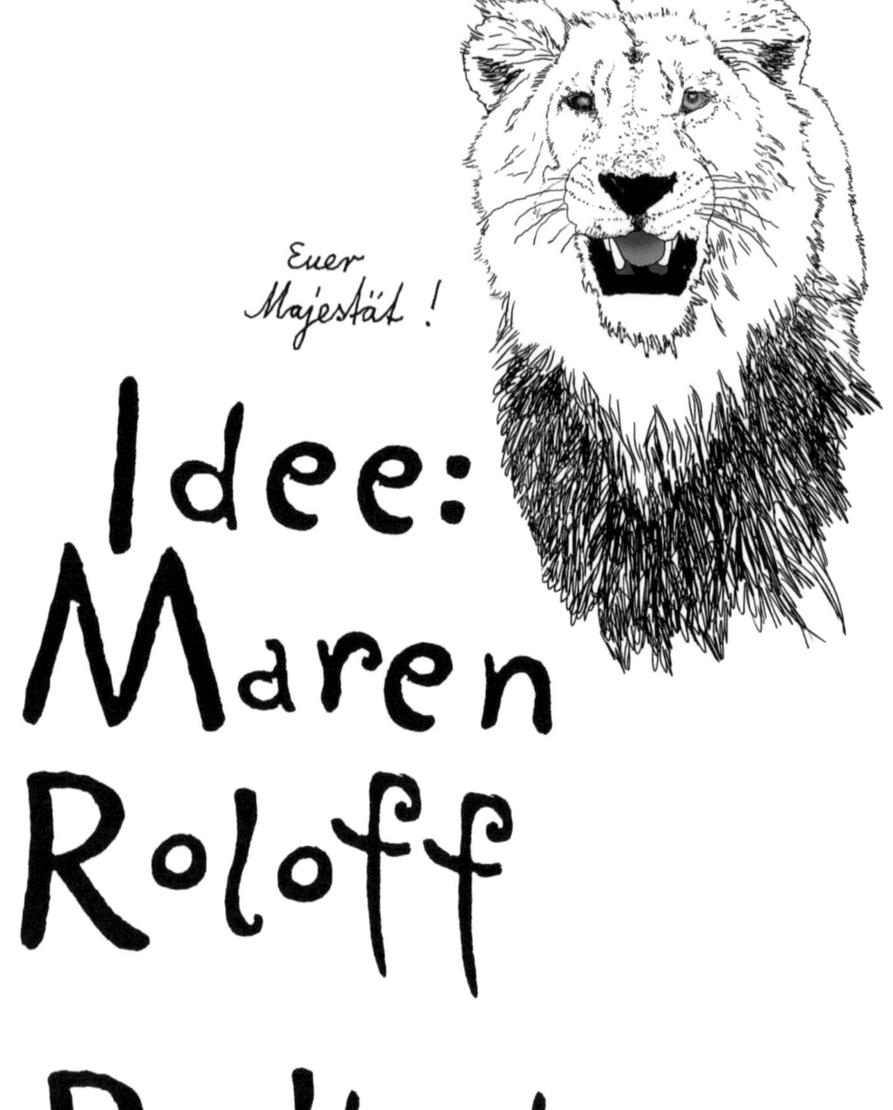

Idee:
Maren Roloff

Realisation:
Maren Roloff

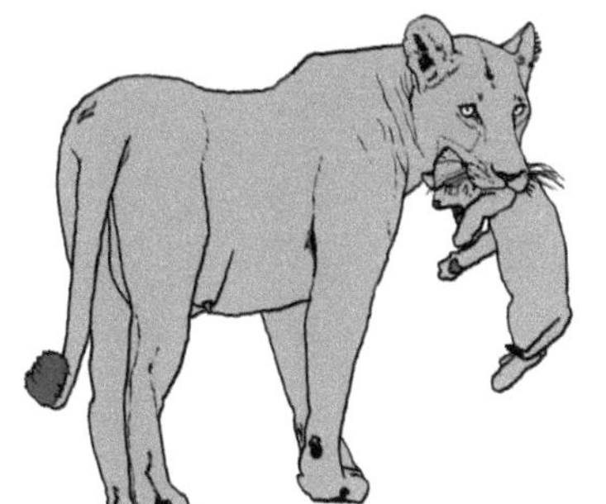

Castin:SCa
g n:ZeiChnun
g:Bearbeitun
g:

Maren Roloff

KorreKturKollage:

Maren Roloff

Fotos

MaSKeMusiK Umschlag:

Maren Roloff

TeXtRegieSponsoringStunts:

Maren Roloff

usW.

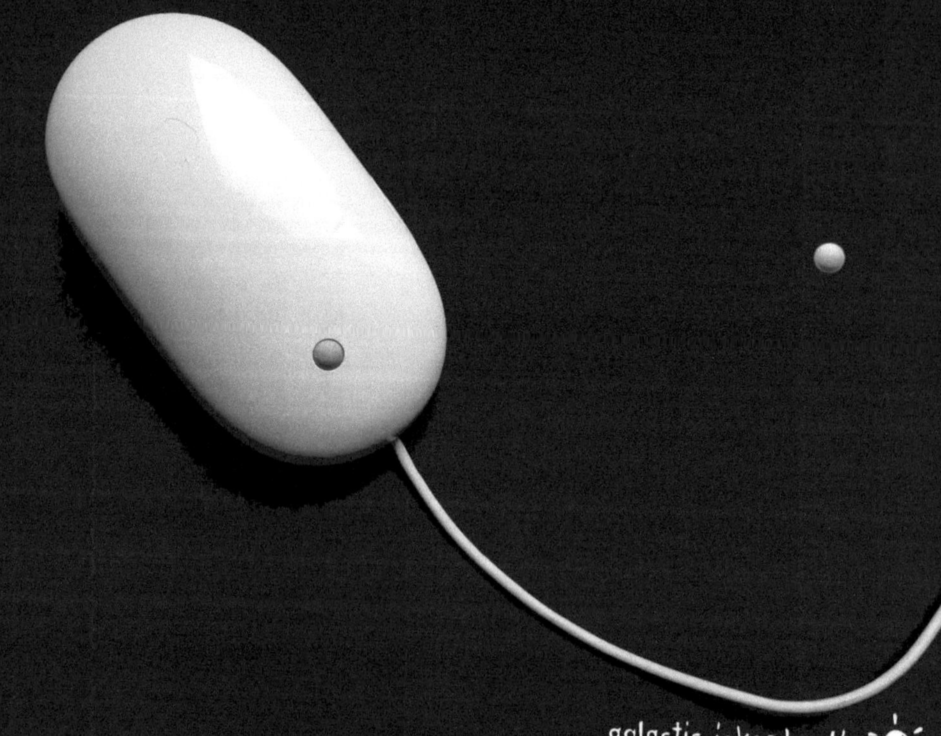
galactic jokes berlin